TOPOGRAPHICA

STUDIEN UND TEXTE ZU KULTURELLEN RÄUMEN
IN EUROPA

HERAUSGEGEBEN VON
JAVIER GÓMEZ-MONTERO UND RUDOLF JAWORSKI

BAND 2

URBES EUROPAEAE

Modelos e imaginarios urbanos para el siglo XXI

Paradigmes et imaginaires de la ville pour le XXIe siècle

Javier Gómez-Montero &
Christina Johanna Bischoff [Eds.]

Ludwig

Education, Audiovisual and Culture Executive Agency
Unit Erasmus - Jean Monnet
Study Centres Project N° 28321-IC-2005-1-DE-ERASMUS-IPUC-4

www.uni-kiel.de/urbes.europaeae

Bibliografische Information Der Deutschen Bibliothek
Die Deutsche Bibliothek verzeichnet diese Publikation in der
Deutschen Nationalbibliografie; detaillierte bibliografische
Daten sind im Internet über http://dnb.ddb.de abrufbar.

Das Werk ist in allen seinen Teilen urheberrechtlich geschützt.
Jede Verwertung ist ohne Zustimmung des Verlages unzulässig.
Das gilt insbesondere für Vervielfältigungen, Übersetzungen, Mikroverfilmungen
und die Einspeicherung und Verarbeitung durch elektronische Systeme.

© 2009 by Verlag Ludwig
Holtenauer Straße 141
24118 Kiel
Tel.: 0431–85464
info@verlag-ludwig.de
www.verlag-ludwig.de

Gestaltung: Daniela Zietemann

Umschlagbild: Pash Buzari, *Where Does Where Do You Come From Come From*
(2007), Wall drawing, Dimensions variable.

ISBN 978-3-86935-007-3

Inhaltsverzeichnis

7 PRÓLOGO – AVANT PROPOS

15 VARIACIONES SOBRE UN PARQUE TEMÁTICO: DE JACQUES TATI A FRANCIS FORD COPPOLA
ANXO ABUÍN

37 LA BÚSQUEDA DE LA CIUDAD IDEAL EN LOS SIGLOS XIX Y XX
JOSÉ ANTONIO ALDREY VÁZQUEZ

51 LA CONSTRUCTION / DESTRUCTION DE SOI DANS ET PAR LA VILLE : PHILADELPHIE (*ROCKY*, 1976) VS. LONDRES (*NAKED*, 1993)
UR APALATEGI

73 VILLES EUROPÉENNES EN MUTATION
ANNE-MARIE AUTISSIER

84 LA MÉTROPOLE ET L'AVANT-GARDE. VISUALITÉ ET SCRIPTURALITÉ DANS *NADJA* D'ANDRÉ BRETON
CHRISTINA JOHANNA BISCHOFF

106 AMBIVALENCIAS DE LA GRAN CIUDAD EN F. TÖNNIES Y G. SIMMEL: COMUNIDAD E INDIVIDUALIDAD
ANA ISABEL ERDOZÁIN

127 VAGABUNDOS, *MARCHEURS* Y NÓMADAS URBANOS. UN MODELO DE LECTURA LITERARIA DE LA CIUDAD Y TRES APLICACIONES
JAVIER GÓMEZ-MONTERO

150 ‹MAPPING THE UNMAPPABLE›: GIRO ESPACIAL, CIUDAD POSMODERNA, CIBERCIUDAD
MANUEL DEL RÍO

185 CIUDADES-FRONTERA EN EL UMBRAL DE LA EDAD MODERNA: NÁPOLES Y CONSTANTINOPLA EN LA LITERATURA ESPAÑOLA DEL SIGLO DE ORO
ENCARNACIÓN SÁNCHEZ GARCÍA

Prólogo – Avant-propos

URBES EUROPAEAE (2006–2009)

¿Qué sería de las ciudades europeas sin su imaginario? Apenas las podríamos identificar. El imaginario sirve para dar a las ciudades una identidad y para hacerlas humanas. Gracias a la imaginación las ciudades se convierten también en construcciones culturales, y así la literatura, el cine y sin duda los nuevos medios audiovisuales y tecnológicos – a la par de los modelos urbanísticos – son una fuente constante de invención cultural de las ciudades europeas. Es un inmenso privilegio para una ciudad tener un imaginario que le da consistencia simbólica, y también lo es para el hombre actual que los escritores y cineastas hayan levantado la topografía imaginaria y sentimental de numerosas ciudades europeas, y hayan conseguido construir a partir de referentes empíricos e históricos un mapa cultural y mental con el que identificarse. Los textos literarios confieren consistencia simbólica al imaginario urbano aportando claves identitarias para sus habitantes e incluso, como consecuencia de su estereotipación, fijándolas para la superficial percepción del viajero. Especialmente los escritores y los cineastas son arquitectos de imaginarios urbanos. Es manifiesto también que la literatura europea indaga la condición urbana del hombre contemporáneo, y tomando el pulso a su sensibilidad consigue muchas veces cartografiar el subconsciente colectivo. Así, la literatura y el cine son capaces de expresar la conciencia e inquietudes de la ciudad, incluso hasta cifrar la conciencia de nuestras ciudades, el subconsciente de su historia y la angustia reprimida ante las dudas que suscita su futura evolución.

Si las ciudades europeas albergan en sí ese enorme potencial de autoconstrucción cultural gracias al imaginario forjado por sus escritores, artistas y no menos por sus instituciones y sus gestores culturales, el tema del Programa intensivo URBES EUROPAEAE desde 2006 es específicamente la construcción de esos imaginarios urbanos (gracias a la literatura, pero sin olvidar ni la actual destrucción masiva de *espacios del hombre*, ni visiones de la ciudad futuras que forja el cine actual), y también ha tratado cuestiones relativas a la gestión institucional de ese patrimonio. Igualmente afrontamos dos cuestiones fundamentales: ¿Cómo se erigen las ciudades en protagonista de novelas y en sujeto poemático, sin olvidar las representaciones de la ciudad surgidas en la red y con los nuevos medios audiovisuales? ¿Cómo se articulan en textos literarios y cinematográficos los discursos de la ciudad, los estéticos y urbanísticos, los sociales y económicos, los lingüísticos, en definitiva todos aquellos discursos que, con base empírica o imaginaria, individual o colectiva, conforman la antropología urbana?

La construcción imaginaria de la ciudad es una de las estrategias culturales más eficaces para subjetivar individual o colectivamente los espacios urbanos. Durante varios años el network conformado por grupos de estudio e investigación procedentes de la Universidad de Santiago de Compostela, del Institut d'Études Européennes (Université Paris 8), de la Universität Paderborn, de la Università di Napoli/L'Orientale, de la Universidad de Tartu, de la Universidad del País Vasco/Université de Pau et des Pays de l'Adour y de la Christian-Albrechts-Universität zu Kiel hemos visto en Sehlendorf, Tartu, San Sebastián, Kiel, París, y, por último, en Santiago de Compostela cómo las ciudades europeas son ciertamente un espejo de las dificultades de la civilización moderna y un fanal de los rostros más decepcionantes de la globalización, pero también hemos ido descubriendo cómo los textos literarios aportan mitologías urbanas memorables, construyen lugares imaginarios que acaban suplantando a los lugares reales, y se convierten en espacios del hombre, en una mitología que hace de la ciudad una auténtica construcción cultural. Los textos literarios – así como otros medios – tejen y destejen el architexto cultural de las ciudades europeas, sus barrios (los burgueses, los obreros y – ¿cómo no? – los territorios híbridos creados por la migración) y las periferias constituyen filones de riqueza inmaterial y así se transforman en un ámbito literario, musical y cinematográfico, en una experiencia urbana intensa, en la invención o reelaboración de su memoria cultural y en su proyección futura.

La Europa actual es fruto de la Modernidad y sus atributos: Por un lado, la razón crítica, el progreso, la emancipación del individuo y la secularización de la sociedad, la urbanización y el bienestar consumista de Europa, por otro el desarraigo de la errancia, del exilio y la emigración, la descartografiación del espacio, en fin, el lado oscuro de la globalización. Por eso, para entender y construir el presente en perspectiva y con conciencia histórica, desde su inicial singladura URBES EUROPAEAE reparó en modelos históricos como Roma, Constantinopla y Santiago de Compostela, o en paradigmas fundacionales de la modernidad y su evolución cuales Bilbao, el Eje urbano Atlántico y París, aglomeración urbana ésta que aportó además el marco adecuado para enfocar las Vanguardias históricas y las Posvanguardias actuales contrastando así los comienzos de los siglos XX y XXI a partir de los mecanismos y conceptos de invención y reinvención cultural por ellas generados.

De modo particular en Paris – St. Denis, el programa URBES EUROPAEAE se centró en las transformaciones de las metrópolis y las ciudades europeas, pero no tanto en las mutaciones formales de los espacios urbanos de Europa, sino sobre todo en las dinámicas culturales que éstas conllevan, en los dispositivos de reinvención urbana y en ejemplos de reconceptualización de la ciudad por las instituciones, los artistas, los intelectuales y escritores atendiendo igualmente a acciones en marcha, a la actuación de profesionales de la cultura. Justo en el Institut d'Études Européennes de la Universidad de Paris 8 – St. Denis-Vincennes estudiamos en dimensión global lo que son – y cada vez serán más – los espacios urbanos del siglo XXI: un tejido multicultural y multirracial, un equilibrio precario o quizá un radical desequilibrio entre el individuo y su entorno, el hombre y sus tecnologías, entre los grupos sociales y los discursos que constituyen la ciudad. Ante esos conflictos sigue siendo necesario considerar la ciudad contemporánea como un espacio antropológico. Y es que la cultura es la fuerza más vigorosa para construir la ciudad del hombre, y este aserto al hilo del diagnóstico de G. Simmel – en cuya figura profundizará Ana I. Erdozáin – es más válido aún a la vista de las insuficiencias y gravísimos problemas de la actual ciudad, las megalópolis y sus formas de desaparición o mutación desde los modelos urbanistas de la modernidad – de profunda conciencia humanista – hasta su metropolización y transformaciones deshumanizadas más actuales (así lo ejemplifican los estudios de José A. Aldrey y Annemarie Autissier).

Todo ello lo documentan también los demás artículos de este volumen que responden en su conjunto a algunas de las intervenciones entonces presentadas. En particular, se trata de contribuciones que reflejan y analizan la problemática *condition urbaine* del hombre actual sea en el campo de la literatura (como ponen de manifiesto los trabajos de Christina Bischoff y Manuel del Río, así como el mío propio), o sea en el dominio del séptimo arte (como demuestran las reflexiones expuestas por Anxo Abuin y Ur Apalategi al hilo del cine contemporáneo). Además se acotan también ciertos modelos sociológicos, urbanísticos e históricos de la ciudad en el continente europeo (y a este propósito es de resaltar la de Encarnación Sánchez García sobre el concepto y práctica de frontera entre Oriente y Occidente en el umbral de la Edad Moderna), que serán así mismo objeto de estudio en el inminente seminario a desarrollar en Santiago de Compostela en mayo del 2009. Otros trabajos presentados durante el Programa Intensivo URBES EUROPAEAE (www.uni-kiel.de/urbes.europaeae) se recogen en el primer número de la revista digital *SymCity* (cuya segunda entrega está en ciernes, www.uni-kiel.de/symcity) y que es coeditada – como las presentes páginas – con Christina Bischoff quien primero en Kiel y ahora desde Paderborn coordina así la proyección de URBES EUROPAEAE. Desde allí también ultimó ella ejemplarmente la factura del presente libro, por lo que expresado aquí le quede el agradecimiento de las instituciones académicas y sus representantes implicados en el proyecto URBES EUROPAEAE, promovido inicialmente desde las Universidades de Kiel y Paris 8 desde el seno del Institut d'Etudes Européennes cuya directora Mireille Azzoug bien merece a su vez el título de *spiritus rector* del proyecto.

Javier Gómez-Montero
Director del Romanisches Seminar de la Christian-Albrechts-
Universität zu Kiel

C'est avec un très grand plaisir que l'Institut d'études européennes a accueilli le deuxième séminaire du programme intensif URBES EUROPAEAE, consacré à la représentation des villes dans l'imaginaire littéraire européen, piloté par l'université de Kiel sous la direction du professeur Javier Gómez-Montero, du 2 au 11 mai 2008. Plaisir d'une rencontre renouvelée puisque l'Institut d'études européennes, qui est partenaire du programme avec une demi-douzaine d'autres universités européennes, avait déjà participé aux séminaires précédents et s'apprête à une nouvelle rencontre avec le prochain séminaire, qui se tiendra dans quelques semaines en mai 2009 à Saint-Jacques de Compostelle (*Villes européennes face à la globalisation. Identités, hybridités et potentialités de la culture*).

L'objectif du Programme Intensif URBES EUROPAEAE – développé avec le soutien de l'Union européenne et le Bureau d'échanges académiques allemand DAAD – est d'analyser les discours qui fondent les grandes villes européennes, et la trace de ces discours dans les productions esthétiques (en particulier la littérature mais aussi le cinéma et les autres arts) à partir des paradigmes actuels de l'anthropologie et de la sociologie, et à l'aune de quelques modèles d'urbanisme spécifiques.

Ainsi, depuis le premier séminaire tenu à Kiel (Villes européennes. Imaginaires littéraires et leurs représentations culturelles, en décembre 2006), nous avons choisi de prendre comme point de départ les villes d'origine de divers groupes de recherche pour en décliner certains des paradigmes en adoptant un point de vue particulier : (a) Paris comme capitale du XIXe siècle à partir de la lecture de Walter Benjamin et comme exemple de l'émergence problématique des banlieues pour les mégalopoles, avec les flambées de violence épisodiques qui s'y développent à partir des années 1980 ; (b) Bilbao comme exemple d'évolution d'une ville industrielle confrontée à l'érosion progressive de ses structures sociales et économiques avec sa reconversion post-industrielle à la fin du XXe siècle ; (c) Rome et Naples, à travers une approche de leur histoire culturelle, en particulier à la période de la Renaissance, la seconde en tant que point de contact entre Orient et Occident et la première en tant qu'illustration des relations entre architecture et pouvoir, et de la rivalité entre institutions ecclésiastiques et séculières comme agents discursifs de la ville pré-moderne ; (d) Saint-Jacques de Compostelle en tant que ville définie par un imaginaire culturel fortement producteur d'identité, sur lequel s'édifient sa littérature, son art, son architecture, etc. depuis le Moyen-Age jusqu'à sa récente nomination comme capitale de la Galice et centre de l'axe urbain atlantique ; (e) Berlin, sujet d'une histoire tout à fait dramatique, redevenue un enjeu de l'histoire européenne, (f) et, pour finir, la complexe projection américaine des villes européennes

C'est donc au lendemain du mythique 1er mai que se sont retrouvés à l'Université Paris 8 Saint-Denis une douzaine d'universitaires et une quarantaine d'étudiant-e-s et de jeunes chercheuses et chercheurs issus des universités partenaires, à la fois pour confronter leurs points de vue sur le thème retenu – « Crise et reconceptualisation de la ville : Avant-garde et post-avant-garde », donc particulièrement sur les concepts d'invention et de réinvention culturelles qui voient le jour au début du XXe et du XXIe siècle respectivement – mais aussi pour tenter de capter, au fil de périples dans les rues du Marais et les passages de la capitale parisienne, ou de pérégrinations sur le pavé plus populaire de la banlieue dyonisienne, les traces de l'imaginaire et les représentations de deux villes françaises et européennes qui, quelque part, collent bien au thème en discussion.

La problématique de la ville, dans ses diverses dimensions, anthropologiques, sociales, politiques ou culturelles, constitue un réel centre d'intérêt à l'Institut d'études européennes, puisqu'elle fait l'objet d'un de ses masters : « Villes et nouveaux espaces européens de gouvernance en Europe », et que le groupe de recherche qui travaille sur la question de la gouvernance urbaine, sous la direction d'Alain Bertho, a lancé l'an dernier la création d'un observatoire franco-brésilien des villes de périphérie en partenariat avec l'ULBRA, l'université luthérienne du Brésil. Elle traverse en filigrane aussi d'autres cursus. Qu'il s'agisse des politiques et de la gestion de la culture, parce que l'espace producteur et consommateur de culture par excellence est la ville, et que gérer la culture oblige à se colleter avec la ville, son image, ses ambiguïtés, ses contradictions et ses publics. Qu'il s'agisse de questions institutionnelles, économiques ou environnementales, de démocratie participative, ou encore du problème des banlieues, ou des stratégies d'internationalisation et de métropolisation des villes.

Aborder, de façon comparative, tant disciplinaire que culturelle, les diverses dimensions de la ville sous l'angle des représentations nous aura permis non seulement d'enrichir notre approche mais aussi de prendre de la distance par rapport à notre perception et notre re-création de la ville dans nos imaginaires respectifs, et de mieux mesurer aussi la prégnance de notre culture dans notre discours.

La ville est ancrée dans l'inconscient européen comme productrice de civilisation (l'art du vivre en commun dans la *civitas*), de démocratie (l'art de gérer les rapports entre individus dans la *polis*), de culture (l'art de vivre ensemble en les transcendant nos rapports au monde et au sacré).

Les deux villes qui ont accueilli les pérégrinations des membres du groupe au cours de ces journées d'études et de débat constituent un formidable duo en termes de représentations. D'un côté, une grande capitale cosmopolite européenne, peut-être la plus prestigieuse, berceau des lettres et des arts, des avant-gardes politiques – la Révolution française – comme artistiques, qui recèle l'un des plus riches patrimoines architecturaux d'Europe. De l'autre l'une des plus grosses banlieues ouvrières, multiethnique, politiquement rouge de surcroît, territoire des « classes dangereuses » aujourd'hui incarnées par une jeunesse en déshérence et en détresse, que les feux de l'actualité ne portent sur le devant de la scène que lorsque les voitures brûlent. Banlieue socialement stigmatisée, qui abrite les sépultures de dynasties entières de rois de France dans sa très imposante basilique. Banlieue culturellement singularisée, qui offre l'une des scènes culturelles longtemps considérée comme parmi les plus avant-gardistes.

Mais un lien secret unit Saint-Denis à Paris : il tient précisément à un parcours, celui de Denis, le premier évêque de Paris autour de l'an 250. Arrêté avec d'autres chrétiens, pour refus de se soumettre à l'empereur, par les soldats d'une Rome encore mécréante, torturé puis décapité sur la butte Montmartre, la légende dit qu'il chemina, sa tête sous le bras, de la butte parisienne jusqu'à Catulacensis (qui allait devenir Saint-Denis) où il fut inhumé par la pieuse veuve Catulla, et c'est sur sa sépulture qu'au Ve siècle Sainte Geneviève, sainte patronne de Paris, fit édifier la basilique.

Contrastes de villes, villes de contrastes. Représentations contre représentations.

Mireille Azzoug
Directrice de l'Institut d'études européennes
Université Paris 8 Saint-Denis-Vincennes

Variaciones sobre un parque temático: De Jacques Tati a Francis Ford Coppola

Anxo Abuín (Universidade de Santiago de Compostela)

Entre los procesos que han configurado, a lo largo del siglo XX, la estructura de la ciudad contemporánea, quizás sea el más intenso el que construye el espacio urbano como escenario de la pérdida de todas las relaciones estables e identitarias con la geografía «local», donde la memoria todavía es posible. En sus vertientes más cercanas a la idea de *simulación,* este escenario se desarrolla como un parque temático en el que los visitantes puedan esconderse bajo el disfraz urbano de lo hiperreal. El cine ha reflejado esta dualidad de la ciudad-texto (no-lugar / simulacro *disneyficador*) de manera muy activa, desde los ejercicios de demostración deshumanizadora de Jacques Tati hasta las creaciones de segundo grado de Francis Ford Coppola, en las que la ciudad se presenta con una intención teatralizadora: un espacio escenográfico donde lo esencial es la hiper-visibilidad del espectáculo. Analizar con detalle estos dos casos de representación de la ciudad contemporánea, cuando no posmoderna, es nuestro objetivo en el presente trabajo. París y Las Vegas sirven aquí de extremos de alcance ciertamente distinto: por una parte, están los peligros o riesgos de una ciudad histórica europea, acechada por los excesos de la arquitectura «internacional» y por los movimientos globalizantes y homogeneizadores de las oleadas turísticas; por la otra, *Zerópolis*, la ciudad concebida para la diversión (el *fun*), el lugar de la parodia, de la ridiculización de la realidad, «la no-ciudad que es la primera de las ciudades», «lo nulo que cuenta, la nada del neón», la «ciudad del grado cero de la urbanidad, de la arquitectura y de la cultura; ciudad del grado cero de la sociabilidad», «ciudad de lo vacante, de la nada y de la ausencia», «ciudad del *demasiado* que se convierte en *sin*, del exceso que se transforma en defecto», «contradicción hecha orden, delirio arquitectónico y confusión social»[1]. En todo caso, el resultado se semeja a lo que Rem Koolhaas ha denominado *ciudad genérica*, post-histórica, sedada y aséptica, vacía y «liberada del corsé de la identidad»[2].

1 TATIVILLE: *PLAYTIME*, DE JACQUES TATI

No es sin motivo que este cineasta francés es considerado el favorito de los arquitectos, quizás por la mirada muy especial que se vierte en sus filmes sobre la tecnología y la arquitectura. En *L'École de facteurs* (1947), encontramos a un robot humano. En *Jour de fête* (1949), las novedades e invenciones para el reparto de cartas provenientes de América producen un auténtico desastre. En *Mon oncle* (1958), Tati defiende las geografías socializadas de los viejos pueblos franceses, como este Saint-Maur-des Fossés, ante la construcción de casas manejadas por instrumentos o *gadgets* inútiles (la Villa Arpel es reconocidamente un *pot-pourri* de algunos elementos de la arquitectura moderna)[3]. En *Traffic* (1971),

---

1   Bégout (2007), 26.
2   Koolhaas (2006), 77.
3   «Si Tati s'intéresse à ces nouveautés technologiques, ce n'est que pour mieux les détourner de leur but initial»; Ede / Goudet (2002), 48.

la sociedad moderna se refleja en la autocaravana del protagonista, poseída por ingeniosos elementos tecnológicos. Por estos espacios se desplaza un Monsieur Hulot espacialmente torpe, «lunático» y estrafalario, o quizás no tanto.

En la antología sobre arquitectura fílmica coordinada por Dietrich Neumann, Tati es el único cineasta con dos películas, *Mon Oncle* y *Playtime* (1967)[4], aunque en ambas se reconocen diferencias notables: la primera levantó ampollas entre los arquitectos modernos, mientras el segundo filme, no menos ácido, consiguió una rara unanimidad en la admiración de este gremio[5]. Entre todas las películas de Tati destaca *Playtime* (1967) por la radicalidad en la tematización de lo urbano y lo arquitectónico, un fenómeno al que sin duda no fue ajeno el director artístico (él mismo arquitecto) Eugène Roman, creador de un decorado que para Tati era el protagonista del filme[6]. Construido en 1964 a escala natural en Gravelle, al este de París, a imitación del edificio Esso (el primero de este estilo de *La Défense*), este decorado pronto fue conocido como *Tativille* (sin duda un guiño a la *Alphaville* de Godard, 1965). Los gastos fueron desproporcionados y provocaron en Tati

---

4   Vid. Neumann (1996).
5   «Se a cidade de Meu Tio era ainda capaz de brigar a diversidade em seus dois universos distintos, inscrevendo o antigo dentro do moderno, o mesmo não acontece na metrópole de Playtime, onde o antigo foi totalmente suplantado pelo moderno»; Duarte (2005), 174. En el primer filme, la modernidad se encuentra en la rectitud de las nuevas calles, en las inhóspitas líneas de la casa de la hermana de Hulot o en la inutilidad de algunos objetos. En *Playtime* el pasado histórico (y humano) ha desaparecido, todo es moderno, todo asusta por su modernidad: «Esse grande centro urbano imaginário é uma crítica ao crescimento descompassado das cidades e a urbanização feroz, numa visão pessimista do futuro da urbe, submetida à voracidade construtiva da modernidade»; Duarte (2005), 174.
6   Es imprescindible la consulta del libro de François Ede y Stéphane Goudet (Ede/Goudet (2002)), en donde se precisan los avatares «textuales» del filme, que consta de al menos tres diferentes versiones de duración distinta (1967, 1968 y 1979), y se facilitan abundantes testimonios del propio Tati.

una ruina de la que nunca llegó a recuperarse por completo. La recepción crítica de la película fue desigual, desde la más común incomprensión hasta el entusiasmo de un Truffaut, que escribió una amabilísima carta a su colega y que llegó luego a homenajear a M. Hulot en la secuencia del metro de *Domicile conjugal* (1970).

El rodaje comenzó en 1965, con la inspiración de un argumento realmente mínimo: un grupo de turistas visita París; lo que encuentran en Orly es el mismo aeropuerto que ya habían visto en Munich, Londres o Chicago; se mueven en los mismos buses que ya les habían transportado en Roma o Hamburgo, por autopistas y edificios idénticos a los de su propio país. En *Playtime* descubrimos siete ambientes perfectamente perfilados:

- El aeropuerto, monocromático, de colores fríos (ceniza) y suelos brillantes, con paredes o paneles de acero y vidrio, en el que se escuchan sonidos metálicos, dentro de una rígida disciplina espacial que conduce a los personajes a poner en práctica curiosas coreografías;
- El edificio de oficinas tiene escaso mobiliario, funcional (o eso parece), tecnológico, y está constituido por largos corredores (espacios desaprovechados). El subespacio de la sala de espera se asemeja a una galería de arte en la que los retratos se muestran amenazantes, al tiempo que dan la única muestra de color. El subespacio de la sala de oficinas tiene algo de panóptico e incide en el aislamiento y la deshumanización del individuo.
- La feria de exposiciones demuestra de nuevo el poco entusiasmo de Tati por los *gadgets* de la modernidad (puertas anti-ruido o escobas con luces).
- La agencia de viajes anuncia cada ciudad echando mano de los estereotipos para acompañar el estilo internacional de los edificios que se repiten en las fotos (un sol y una pirámide aztecas para México, la vegetación exuberante de Hawai, la nieve y el esquiador para Estocolmo...)[7].

---

7   El «International Style» es una expresión acuñada por Henry-Russell Hitchcock (vid. Hitchcock (1966)) y utilizada luego por Philip Johnson

- El edificio de apartamentos es como un inmenso acuario en el que lo privado, teatralizado o espectacularizado, se vuelve público. Las secciones de esta *split-screen* muestran historias que parecen interactuar de algún modo, aunque ese es un ejercicio de búsqueda que ha de realizar el espectador.
- El restaurante Royal Garden destaca, en contraste con los anteriores espacios, por su mal gusto. Y la falta de funcionalidad en la distribución de los espacios es evidente y lleva al caos festivo final.
- El *drugstore*, mezcla a la americana de supermercado y farmacia, presenta una iluminación irreal, que convierte los alimentos en medicinas y a sus compradores en enfermos en busca de remedio.

Cada uno de esos lugares implica un ejercicio de vacuidad e ineficacia modernista[8].

En *Playtime* la historia, por mínima que sea, es secundaria: vale más la descripción de tipos que son prisioneros de la arquitectura moderna, como el propio Tati señaló[9]. Se perciben ya las transformaciones urbanas que dejarán paso a lo que se conoce como no-ciudad o *mépolis*[10], espacio de separación, distanciación, saturación, descentrado, espacio-fortaleza donde el ser humano es prisionero. En cierto modo, estamos ante una película que se conecta con el situacionismo de Guy Debord, un movimiento creado en 1957, según ha recordado no hace mucho Laurent Marie[11], en el rechazo de una cierta forma de vida, en el desacuerdo con la

---

para describir la arquitectura racionalista emergente en los 20, caracterizada por su claridad (el uso del cristal), la ausencia de ornamento y la regularidad de formas. Sería interesante analizar la relación de *Playtime* con la producción de arquitectos franceses como Henri Vicariot, Jean Prouvé, Robert Camelot, Gilles Lagneau, Raymond Lopez o Jean Balladur.

8 Vid. Duarte (2005), 187–188.
9 Cit. en Ede / Goudet (2002), 107.
10 Vid. los artículos de Félix Duque y Manuel Delgado (Duque Pajuelo (2004); Delgado Ruiz (2004)).
11 Vid. Marie (2001).

homogeneización cultural a partir del modelo norteamericano o, de manera más general, en la aceptación de la existencia de una *psicogeografía* que estudia la repercusión del uso del espacio en las emociones y comportamiento del individuo[12]. Pero Tati adelanta asimismo el pensamiento de Paul Virilio o Marc Augé. Al primero corresponde la insistencia en lo «dromológico», lo «trayectivo», la sociedad y el movimiento, la inestabilidad, la diseminación. A Marc Augé le debemos un libro fundamental sobre la antropología de la *surmodernité* o sobremodernidad (término en sus rasgos generales equivalente al de *postmodernidad*) y sobre los espacios que definen la presencia del hombre en los principios de siglo[13]. La oposición básica en la sociedad de hoy se establecería para el pensador francés entre *lugar* y *no-lugar*, en una tensión que no acabaría nunca por resolverse completamente[14]. El lugar es espacio antropológico de identidad, por tanto constituido como relacional e histórico: esto es, el lugar identifica a sus habitantes, formaliza sus contactos según un conjunto de prescripciones y prohibiciones sociales. El no-lugar es, por el contrario, un espacio indeterminado, sin memoria, efímero y del todo provisional,

---

12 Vid. la conciencia de la observación psicogeográfica en su «Teoría de la deriva», concebida «como una técnica de paseo ininterrumpido a través de ambientes diversos» (AAVV. (1999), 50). También resultan interesantísimas las reflexiones de Debord sobre el tráfico urbano aplicadas al filme de Tati. Graham Cairns (2007) percibe también la influencia de Henri Lefebvre en la consideración del espacio como coordinado con ritmos corporales y gestos corporales.
13 Vid. Augé (1993).
14 Oposición ya manejada, con otros términos y contenidos, por Michel de Certeau, que diferencia entre *espacio* y *lugar* a partir de la existencia del componente humanizador (Certeau (1990), 173). El lugar está siempre en orden, mientras el espacio se anima gracias al movimiento («*l'espace est un lieu pratiqué*», Certeau (1990), 173). El lugar equivale al *espacio geométrico* («spatialité homogène et isotrope») de Merleau-Ponty, que define el espacio como *espacio antropológico*, es decir, existencial, activado narrativamente por sujetos históricos (Merleau-Ponty (1976), 324–344).

que surge de la idea de movimiento, tránsito o pasaje: los hoteles, las estaciones de autobuses o de servicio, los grandes almacenes, las calles más caminadas para ir de compras, las autopistas, los parques o los campos de refugiados son por tanto no-lugares ocupados por unos viajeros que intentan sin éxito suturar con la mirada los paisajes periféricos que contemplan, porque ya no tenemos medios para reconocer las imágenes interrelacionadas que pueblan el mundo. Los no-lugares son, pues, «lugares monótonos y fríos a los que no les corresponde identidad ni memoria y que no tienen nada que ver con contextos espaciales culturalmente identificados e identificadores: las habitaciones de los hoteles, los cajeros automáticos. Las terminales de los aeropuertos, los hipermercados, las autopistas, etc.»[15]. Emmanuel Lévinas hablará de un «no-lugar para una no-sociedad, para una sociedad sin solidaridad, sin mañana, sin compromiso, sin intereses comunes, sociedad del juego»[16]. En efecto, Tati disuelve los cuerpos en el espacio, a veces no sin resistencia. M. Hulot es un visitante, un «corps de passage» por los espacios inestables e indefinidos de un París en donde los engaños se suceden: «Le corps se démultiplie, se perd en reflets divers. L'intérieur et l'extérieur ne connaissent plus de frontière. Comme dans *Mon oncle*, ‹tout communique et plus personne ne se parle›»[17].

Tati levanta acta en *Playtime* de la explosión urbanística auspiciada desde 1961 por la política de Charles de Gaulle, que se sentía realmente orgulloso del proyecto de *La Défense*. Así lo resume Dietrich Neumann:

> Paris is identified as participating in the «International Style» that makes all parts of the globe look alike – exemplified by a travel agency's display window in which destinations as far apart as London and Mexico City are advertised

---

15 Delgado Ruiz (2004), 124.
16 Lévinas (1997), 44.
17 Ede / Goudet (2002), 158.

with the same image of a featureless modernistic skyscraper. Tati appears to have been reacting directly to recent developments in Paris, which included a number of a large-scale urban projects such as the huge glass-clad office buildings at the Gare Montparnasse (1958–64) and suburban developments as the infamous Sarcelles (1959–66)[18].

Ese estilo internacional se define por la exacerbación funcionalista de los modernistas (Le Corbusier o Gropius), por los espacios limpios, altísimos y transparentes, y grandes cristaleras, cuya estandarización se critica en la escena de la agencia de turismo, «os *displays* publicitários apresentam diversas metrópoles modernas, como Londres, Estocolmo e Brasília (participantes ativas do EI), como se fossem capitais idênticas, que trazem como estandartes seus edifícios de concreto e vidro»[19].

El mundo de Tati, tan singular y propio, que ha influido indudablemente sobre Fellini, David Lynch o sobre todo el Blake Edwards de *The Party* (pensemos en la secuencia central del Royal Garden y en la apoteosis final del filme de Edwards), tiene que ver con la depuración máxima para plasmar la idea de deshumanización.

Desde un punto de vista cinematográfico, Tati se decanta por el alejamiento de las convenciones de la narración clásica: rechazo del campo-contracampo, pluralidad de espacios percibidos en el mismo plano, participación del espectador. Graham Cairns destaca la ausencia de primeros planos y el empleo habitual de planos generales y americanos, perfectos para jugar con «bromas visuales» y crear un efecto de *collage*[20]. Pero, como ha visto Chion, *Playtime* se asienta en la idea de eliminación:

> Élimination du superflu: décor nu, lisse, colossal. De la famille de Hulot: il n'a plus ni sœur ni beau-frère, ni neveu ni maison: arrivé de nulle part, il va nulle part.

---

18 Neumann (1996), 142.
19 Duarte (2005), 181–182.
20 Cairns (2007), 123.

> Élimination du héros principal et de l'intrigue: parfaitement circulaire, le scénario ne fait qu'animer de remous discrets un monde répétitif.
> Élimination des ressorts dramatiques traditionnels : rien à conquérir ; rien à affirmer; aucune peau à défendre ni castration à vivre. Des personnages en vacances, des badauds, que l'on perd, que l'on retrouve; plus d'identification.
> Élimination de la nature : plus un brin d'herbe, plus un souffle d'air marin. Les bruits de la nature, généreux dans *Jour de fête* et plus tard dans *Trafic*, sont totalement éliminés : seul un coq qui chante absurdement à l'aube dans un décor de buildings, pour les rescapés hagards d'une nuit dans un club, a pu échapper à la tuerie.
> Élimination de Paris, bien qu'on soit censé y être : des traces survivants de la ville n'existent qu'à l'état de reflets (comme des « idées ») sur les vitres. Une Tour Eiffel, un Montmartre fantômes font des apparitions fugitives dignes de la ville d'Ys, celle que la légende disait engloutie.
> Élimination des couleurs : elles étaient vives et criardes dans *Mon oncle*; ici, une sorte de seringue géante les a aspirées, ne les laissant plus subsister qu'á l'état de signes, des feux de position dans un océan de gris-bleu acier...[21].

El estilo cinematográfico de Tati se vuelve aquí especialmente abierto, con una tendencia muy marcada al panorama, lo que, al lado del empleo de una pantalla «wide screen 70 mm.», diluye significativamente la presencia del protagonista Mr. Hulot en los paisajes urbanos presentados al espectador. Hay otras características que merecen ser destacadas:
- Ambigüedad espacial. La confusión de espacios remite a la idea de no-lugar. El aeropuerto se confunde con el edificio de

---

21 Chion (1987), 24–25. A propósito de la «naturaleza abolida» en *Playtime*, Ede y Goudet citan de nuevo a Tati: «Dans cet immense ensemble demeure la fleuriste, minuscule et saugrenue. C'est elle l'espoir« (Ede / Goudet (2002), 165).

oficinas en su aspecto laberíntico. El comienzo en el aeropuerto tiene algo de declaración de intenciones, pues este espacio es epítome del mundo postmoderno según Chambers:

> With its shopping malls, restaurants, banks, post-offices, phones, bars, video games, television chairs and security guards, it is a miniaturized city. As a simulated metropolis it is inhabited by a community of modern nomads: a collective metaphor of cosmopolitan existence where the pleasure of travel is not only to arrive, but also not to be in any particular place[22].

El espacio está además sobre-dividido, obligando al espectador a un esfuerzo especial en la recomposición de los lugares.
- Profundidad de imagen. En el cuadro de la imagen caben trama y subtrama, ya que los acontecimientos desarrollados en un segundo plano adquieren una importancia insólita para un espectador que debe elegir a qué presta atención[23].
- Sonido. En claro contraste con la Nueva Ola, Tati emplea un sonido muy artificial, grabando y post-sincronizando los materiales procedentes de hasta cinco pistas estereofónicas. Abundan los ecos y las resonancias metálicas para crear la apariencia de un espacio inconfortable y hostil. Piénsese en la escena del pasillo y en esas pisadas de sonido agudo; o en el juego consiguiente con las sillas, cuyo ruido se asemeja al de una ventosidad. Destaca asimismo la escena coreográfica de la viga en el Royal Garden.
- Color. Después de mucha experimentación, Tati ambientó el filme con una tonalidad única azul/gris. El color vivo sólo aparece para enfatizar algún detalle del decorado.
- Cristal. Los reflejos confunden a los personajes. Los cristales crean además una sensación de que lo privado y lo público

---

22 Penz (1997), 67–68.
23 Vid. Maddock (1977); Kermabon (1995), 136.

se entremezclan, como en la secuencia de las ventanas de los apartamentos-vitrinas que el espectador contempla casi como una *split-screen*[24]: hay que imaginar lo que se dice, en un ejemplo de transparencia visual y opacidad sonora. En los cristales se percibe también el reflejo de otro París, el de la Torre Eiffel y el Sacré-Coeur (maquetas, obviamente), que se desrealiza ante nuestros ojos.

Todo esto está teñido de la perspectiva humorística y paródica de Tati. Los personajes se esfuerzan por habitar espacios que cada vez son más resistentes a lo humano. El estilo arquitectónico internacional lo invade todo, en detrimento de las relaciones personales. Quiere esto decir que el concepto de *no-lugar* es especialmente complejo. En cualquier espacio los lugares pueden «recomponerse» y las relaciones «reconstituirse»; de este modo, advierte Augé, estamos ante polaridades, además de cambiantes, falsas si las entendemos en términos absolutos: más bien, «son palimpsestos donde se reinscribe sin cesar el juego intrincado entre identidad y relación»[25]. En otras palabras, los no-lugares son espacios creados para ciertos fines, pero sobre todo son las relaciones humanas específicas que esos espacios crean y desarrollan. Si uno de los tópicos de la dramaturgia de todas las épocas es el del retorno al lugar (al *hogar*, por ejemplo), también es obvio que son muchos los autores que han invertido las convenciones de este cronotopo: desde Ibsen hasta, muy a menudo, Arthur Miller o Harold Pinter, que deconstruyeron la noción de *casa* para anular el fundamento de sus valores (el lugar se convierte así en no-lugar). Por lo tanto, no deben comprenderse estos conceptos de manera esencialista, porque, de hacerlo así, perderíamos su rentabilidad puramente escénica: mostrar un lugar donde, al final, la interacción entre los personajes no se produce o es de índole opuesta. Permítaseme un último ejemplo, en este caso cinematográfico: *Play Time* (1967), de Jacques Tati, es un filme

---

24   Vid. Goudet (2002), 82–83.
25   Augé (1998), 84.

que habla de los no-lugares (aeropuertos, *drugstores*, hoteles...) habitados por turistas americanos que se asombran de que las autopistas francesas sean iguales que las de su país y que tienen dificultades para encontrar lo local en ese marco globalizado, en esos espacios verticalizados a los que M. Hulot sobrevive a duras penas. Con todo, al final, incluso en este marco se vislumbra la esperanza de una relación entre el protagonista y la única turista, por individualizada, también más humana.

En *Playtime* existe un cierto tono «saudosista» dedicado a la vieja París, a ese paisaje urbano que aspira equivocadamente a borrar las huellas del pasado y de lo humano: «La visión que Tati nos ofrece de esta ciudad es poco menos que infernal [...]. Un París en el que no queda ya ni rastro de su propia identidad, pues ese proceso de tecnificación y ultramodernización al que está siendo sometido lo ha reducido a una vulgar masa homogénea y grisácea de edificios y vehículos»[26]. El mundo que conoció M. Hulot y con él el propio Tati está en vías de extinción, exterminado por la modernidad o la hipermodernidad, por los espacios de lo transitorio y del olvido de donde las relaciones sociales han sido definitivamente abolidas.

2 ONCE UPON A TOWN: *ONE FROM THE HEART*, DE FRANCIS FORD COPPOLA

En *La guerra de los sueños*, Marc Augé describe el «nuevo régimen de la ficción que afecta la vida social hasta el punto de hacernos dudar de la realidad», la llamada *ficción total*: la cultura se diluye en las citas, las copias y los plagios; la identidad «se pierde en las imágenes y los reflejos» y se convierte en indefinible, dada la ausencia de un principio organizador «que nos permita dar un

---
[26] Aragón (2006), 63.

sentido a la dispersión de los flashes, de los clisés y de los comentarios que nos ofrecen en lugar de la realidad»[27]. Es este, sin duda, el siguiente paso en la destrucción del referente, y sin duda pocos medios como el cine (el cine, aclarémoslo, post-clásico) y pocos directores como Francis Ford Coppola se han esperado con tanto virtuosismo en eliminar lo real de lo artístico.

No es ajeno a ello la elección de Las Vegas como marco espacial, ya utilizado en *El Padrino II* como elemento que remitía a la americanización de la familia Corleone. Es el lugar de la ilusión y de los sueños norteamericanos, de los sueños rotos en los casinos que sirvieron de inspiración para los decorados (The Golden Nugget o Caesar's Place):

> Like Tijuana, Las Vegas shares pride of place in the honor roll of the visual and cinematic absurd. Life is a tale told by idiots, full of sound and fury but signifying very little, in movies as diverse as Martin Scorsese's *Casino* (1995) and Steven Kessler's *National Lampoon's Vegas Vacation* (1997). And like Los Angeles, Las Vegas continues to be regarded as an exception to the convention of American urbanism[28].

La primera *strip* de Las Vegas, la Fremont Avenue, de crecimiento espectacular desde el final de la Segunda Guerra, es el escenario de los sueños, de la destrucción, del simulacro[29]. Hoy en día Las Vegas ha dejado de considerarse una anomalía para ser confir-

---

27 Augé (1998), 24.
28 Dear (2000), 1999.
29 La primera película que muestra la ciudad es *Boulder Dam* (Frank McDonald, 1936), pero enseguida se convierte en lugar cinematográfico a través de filmes como *Hollywood or Bust* (Frank Tashlin, 1956), *Ocean's 11* (Lewis Milestone, 1960) o *Viva Las Vegas!* (George Sydney, 1964). Es curioso señalar que en *The Only Game in Town* (George Stevens, 1970), los escenarios de Las Vegas se reconstruyeron en París, para facilitar que Elizabeth Taylor acompañase a su marido Richard Burton en los descansos de su rodaje en Inglaterra.

mada como modelo urbanístico de los Estados Unidos, hasta tal punto que se ha llegado a hablar de un proceso de «Las Vegasing of America»[30]. Al lugar como cualidad central le ha sustituido «el no-lugar de la metrópolis difusa y de la ciudad immaterial de redes»[31], máximo exponente de la supramodernidad.

En el libro de Vera Dika se presenta una imagen de Coppola como cineasta polémico y, finalmente, poco valioso una vez puestas aparte las dos primeras entregas de *The Godfather*. Coppola habría abandonado el jugueteo con los géneros tradicionales (terror, detectives, musical, gángsters...) para iniciar en los 80 una andadura de deconstrucción de materiales en películas como *Apocalipse Now* (1979), *One from the Heart* (1982), *Rumble Fish* (1983), *The Outsiders* (1983) o *Peggy Sue Got Married* (1986)[32]. Por su interés en el tratamiento de lo urbano, quedémonos ahora con la segunda película citada, *Corazonada*, un ejercicio de «cine electrónico», un fracaso absoluto de público, que provocó que la ambiciosa productora de Coppola, American Zoetrope, acabase en la bancarrota[33].

Es significativo que el director cambiase la historia original de Armyan Bernstein desde Chicago hasta unas Las Vegas recreadas en estudio con especial artificiosidad por el director artístico Dean Tavoularis: sus restaurantes y calles y el mismísimo aeropuerto donde se desarrolla la secuencia final fueron reconstruidos con fidelidad, con un coste final de veintisiete millones de dólares,

---

30 John Hannigan define Las Vegas como «fantasy city», construida a través de las tecnologías de la simulación, la realidad virtual y el espectáculo, «a metropolis which ignores the reality of homelessness, unemployment, social injustice and crime, while eagerly transforming sites and channels of public expression into ‹promotional spaces›»; Hannigan (1998), 4.
31 Manzione (2005).
32 Vid. Dika (2003).
33 Coppola había situado parte de la acción de *El padrino 2* (1974) en Las Vegas, territorio codiciado por Michael Corleone (Al Pacino) y el rey del juego Hyman Roth (Lee Strasberg). Coppola y Mario Puzo fabulaban también con el origen de la ciudad, creada por el gángster Moe Green, que había sido asesinado por orden de Michael en la primera parte de la saga.

de los que sólo dos fueron recuperados. Coppola recobró las dimensiones de la pantalla del musical anterior a 1946 y contrató a Gene Kelly para que supervisase la validez del conjunto. La crítica fue, sin embargo, especialmente cruel, subrayando la frialdad del resultado: una historia de amor que sólo producía distancia. Hoy, sin duda, podemos valorarla de otra manera, como un producto en el que se percibe la crisis posmoderna de la realidad sustituido por la simulación o el simulacro. Así lo ha sabido ver Esteve Riambau al hablar de la fascinación por el cine como recurso para el ilusionismo:

> No casualmente, *Corazonada* comienza con un telón que se abre para dar paso a una esfera planetaria rodeada de nubes, huellas en la arena del desierto y, finalmente, la ciudad de Las Vegas. La capital del juego, un paradigma del artificio identificado por los neones de sus hoteles y casinos, deviene así un espejismo de naturaleza espectacular mientras la película, en sí misma, asume las características de una representación basada en la utilización de su estilo como un potente subtexto con respecto a la relación del film con la naturaleza ilusoria del amor romántico y del mismo cine de Hollywood[34].

Riambau insiste en una lectura en segundo grado del filme, un prolongado homenaje a *Ciudadano Kane* (los neones de la secuencia de los créditos), a Federico Fellini (el trasatlántico de *Amarcord*), a *Casablanca* (las referencias explícitas de Ray), a *Singin' in the Rain* (aunque Gene Kelly se ausentó del proyecto por considerarlo poco ortodoxo y delegó en Kenny Ortega el diseño coreográfico del filme). Por supuesto, está el musical, ya experimentado por Coppola en *El valle del arco iris*, como intertexto básico:

> Todo brilla y es luminoso, pero no hay nada real, afirma una de las canciones. En cambio, en un espíritu cercano al de

---

34 Riambau (1997), 215.

> *Ellos y ellas (Guys and Dolls*, 1955), los actores no saben cantar ni bailar e incluso hacen ostentaciones de ello, como en la secuencia final, donde Hank intenta retener a Frannie en el aeropuerto cantándole «You're my sunshine» con mayor voluntad que fortuna[35].

En *One from the Heart*, el colapso de lo real tiene también que ver con el reciclaje de las convenciones del musical, en varios niveles. Si los personajes del musical clásico son seres entregados con talento a algún oficio artístico, la danza o la música, aquí nos las vemos con personas normales, sin un glamour especial, ya desde un primer diálogo en el que se insiste en las cualidades mundanas de la pareja protagonista. No son jóvenes, ni perfectos, ni especialmente simpáticos, sino aburridos, maleducados y amargados: un *trapeño* y una oficinista en una agencia de viajes. Las pocas veces que los personajes cantan o bailan es patente su ausencia de destreza, y las coreografías son torpes, incluso en las secuencias de calle. Son los personajes secundarios los que mantienen, aunque con mucha distancia, los rasgos típicos del musical: así Ray (Raul Julia) se asemeja a una imitación barata de Fred Astaire; el personaje secundario femenino, Leila (Nastassia Kinski), está también lleno de encanto y misterio, aunque no deja de ser un personaje extraño y casi ajeno al mundo real. La película juega con la contraposición entre un escenario de fantasía y unos personajes ordinarios, que no pertenecen a ese mundo, como sucede en la secuencia final. A diferencia de la historia típica del musical, *Corazonada* comienza con la ruptura de la pareja. Hank y Franny se encuentran con sus amores soñados, que luego se verán frustrados. Desde los créditos, la música y los decorados nos remiten a un mundo de ensueño, un cuento de hadas, absolutamente artificializado. Tom Waits y Crystal Gayle cantan «Once upon a town...», mientras el telón se alza sobre un universo de fantasía. Pero Hank y Franny son seres atrapados por la

---

[35] Riambau (1997), 215–217.

monotonía de sus vidas: ella espera un Príncipe que no existe y él quiere formar una familia. La fantasía no es posible. El uso de la música es muy peculiar. La música es *over*, pero Waits y Gayle hablan en primera persona, como en la escena inicial, provocando un extraño efecto de *mise en abyme*:

> WAITS: I've been swindled
> I never bargained for this.
> GAYLE: Why don't you get your
> Own Place,
> Where you can live like
> You do.
> BOTH: I'm sick and tired of
> Picking up after you...

A veces la música parece interiorizada, en el interior de la mente de los personajes. Sólo en un caso un personaje canta para el público: Leila, en la ensoñación de Hank antes del primer encuentro.

En el nivel narrativo esta confrontación entre lo real y lo fantástico es omnipresente. Pensemos en el final del filme. En el aeropuerto, Hank ruega a Franny que no se marche con Ray a Bora Bora, sin éxito, pues ella sube al avión a cumplir su sueño. Pero cuando él regresa a casa solo y llora la ausencia de su compañera, ésta no tardará en aparecer, sin que haya explicación para esta vuelta. Dos finales posibles en conflicto, rompiendo la lógica del relato.

Hay otros elementos del filme que contribuyen a la disolución de los límites entre la realidad y la fantasía. La cámara es ubicua, su movimiento es libre, más aún que en los musicales de Busby Berkley, creando la impresión de que todos los espacios están en contacto y se expanden los unos hacia los otros. El tránsito de un espacio a otro se produce según leyes autónomas, marcadas por el propio filme, como en el caso del baile en calle de Frannie y Raul, que finaliza en el espacio de Bora-Bora.

La artificialidad del conjunto resulta más impresionante si pensamos en la dificultad para fijar los tamaños y escalas de las cosas. El desdoblamiento de imágenes (piénsese en la agencia de viajes «Paradise Travel Agency», y en el escaparate en el que trabaja Franny, repleto de miniaturas) contribuye a su descentramiento. Todo ello conduce asimismo a la idea neobarroca de exceso, omnipresente en el cine postmoderno: como diría Omar Calabrese, el ojo barroco deforma la imagen[36].

Cinematográficamente, el decorado adquiere un protagonismo desmesurado, devorando la historia y, más aún, ocasionando, como ya antes en *Apocalipse Now*, un auténtico colapso de lo real, o de la distinción entre lo real y lo simulado, a través de la continua llamada de atención del filme como puro artefacto. *Corazonada* se define así, de manera autoconsciente, como copia de una copia de una copia, como señala Dika[37]. «Everything in the film is flat and stereotypical», añadiría Silvio Gaggi[38]. Todo es convencional, cliché, formulaico. Los diálogos son banales, los personajes carecen de profundidad y el argumento está vacío, es simplista, con un final feliz inexplicado e inexplicable. Todo es imagen y simulacro; no hay lugar para el Otro, sea este latino o vagamente centroeuropeo. La teatralidad del conjunto está intensificada desde el telón inicial hasta el uso de una iluminación escénica por parte de Vittorio Storaro, algo que recuerda por cierto algunos usos recientes de Baz Lurmann, por no hablar del aire de teatro de imagen de la secuencia de amor en la chatarrería. La realización es «obstrusiva», la coherencia espacial y temporal se rompen continuamente a través del movimiento de cámara, de las superposiciones, del uso de la *split-screen* y de una concepción del montaje cercana al vídeo y a la televisión. De este modo, «*One from the Heart*, so brilliantly bad, is a statement. It is not so much a cliché as a film that is about clichés. [...] a brilliant depiction

---

36 Vid. López Silvestre (2004).
37 Vid. Dika (2003), 1973.
38 Gaggi (1997), 78.

of the American hyperreal, presenting American life as itself the stuff of hyperreal representation»[39].

Y por supuesto está Baudrillard. Podríamos afirmar que Coppola pone en imágenes al pensador francés. Dos citas de *América* nos sirven para ilustrar el alcance de su película, porque parecen pensadas para ella. La primera se refiere al carácter hiperreal del paisaje norteamericano: «La realidad americana es anterior al cine, pero, tal como es hoy, hace pensar que se construyó en función del cine y que sólo fuera la refracción de una gigantesca pantalla, pero no como juego de sombras platónicas sino en el sentido de que todo aparece dirigido y aureolado por la luz de la pantalla»[40]. La otra cita insiste en «la ausencia vertiginosa de afecto» propia de la sociedad norteamericana: «El desierto materializa la ausencia del deseo. [...] Aquí las ciudades son desiertos móviles. Ningún monumento, ninguna historia: sólo la exaltación de los desiertos móviles y la simulación»[41]. ¿Acaso no es Las Vegas la apología del desierto y la simulación? ¿Acaso no es el mejor ejemplo de ciudad-espectáculo o de *Sim City*? ¿Acaso no es *One from the Heart* un cuento de hadas, una historia de príncipes azules y gitanas encantadoras, una manifestación más de la ingenuidad e inocencia del mundo de los sueños en el que habita la sociedad norteamericana? Así queda claro en el diálogo entre Hank y Moe en el que aquel se queja de las «luces» que iluminan la vida americana: «It's now all tinsel. It's phoney bullshit. Nothing's real», dice, antes de encontrarse a su amante circense, Leila, un encuentro que Moe define como lo más «implausible» que ha visto en su vida. Quizás pueda hablarse de los *dreamscapes* de *One from the Heart* como pertenecientes a una sociedad enferma, la norteamericana después de Vietnam, al comienzo de la era Reagan. También conviene insistir aquí en la idea de *teatralidad* como preferencia notable por la sobrecarga barroca (¿la densidad de signos

---

39 Gaggi (1997), 82.
40 Baudrillard (1987), 78.
41 Baudrillard (1987), 164.

de Roland Barthes?) en los ámbitos cromáticos o escenográficos, por la saturación visual, por el exceso vacío, por la exaltación de la convención. El «Cine de atracciones» propuesto por Coppola se preocupa por la forma del reciclaje, en un ejercicio extraordinario de una cultura caníbal. Vacíos de contenido, sus filmes llevan al límite la astucia del espectáculo, que consiste, empieza y acaba con su propio artificio.

REFERENCIAS BIBLIOGRÁFICAS

AAVV. (1999), *Internacional Situacionista. Textos completos en castellano de la revista «Internationale situationniste» (1958–1969)*, 1, Madrid.

Aragón Paniagua, T. (2006), *Imágenes de la modernidad y la vanguardia en el cine de Jacques Tati*, Málaga.

Augé, M. (2001), *Ficciones de fin de siglo*, Barcelona.

Augé, M. (1998), *La guerra de los sueños. Ejercicios de etno-ficción*, Barcelona.

Augé, M. (1993), *Los no-lugares. Espacios del anonimato. Una antropología de la sobremodernidad*, Barcelona.

Baudrillard, J. (1987), *América*, Barcelona.

Bégout, B. (2007), *Zerópolis*, Barcelona.

Bellos, D. (2002), *Jacques Tati. Sa vie et son art*, París.

Cairns, G. (2007), *El arquitecto detrás de la cámara. La visión espacial del cine*, Madrid.

Certeau, M. de (1990), *L'invention du quotidien I. Arts de faire*, París.

Chambers, I. (1990), *Border Dialogues: Journeys in Postmodernity*, Londres.

Chion, M. (1987), *Jacques Tati*, París.

Clarke, D. B. (ed.) (1997), *The Cinematic City*, Londres.

Dear, M. J. (2000), *The Postmodern Urban Condition*, Malden.

Delgado Ruiz, M. (2004), «La no-ciudad como ciudad absoluta», en: AAVV., *La arquitectura de la no-ciudad*, Pamplona, 121–153.

Dika, V. (2003), *Recycled Culture in Contemporary Art and Film. The Uses of Nostalgia*, Cambridge.

Duarte Weinberg, J. (2005), «A cidade transparente», en: L. Nazario (ed.), *A cidade imaginária*, São Paulo, 173–209.

Duque Pajuelo, F., «La Mépolis : bit city, old city, sim city», en: AAVV., *La arquitectura de la no-ciudad*, Pamplona, 17–67.

Ede, F. / Goudet, S. (2002), *PlayTime*, París.

Gaggi, S. (1997), *From Text to Hypertext. Decentering the Subject in Fiction, Film, the Visual Arts, and Electronic Media*, Philadelphia.

Goudet, S. (2002), *Jacques Tati. De François le facteur à Monsieur Hulot*, París.

Hannigan, J. (1998), *Fantasy City. Pleasure and Profit in the Postmodern Metropolis*, Londres.

Hitchcock, H.-R. (1966), *The International Style*, Nueva York.

Jousse, T. / Paquot T. (2005), *La Ville au cinéma. Encyclopédie*, París.

Kahn, A. (1992), *Playtime with Architects*, Berkeley.

Kahn, A. (1991), *Drawing / Building / Text: Essays in Architectural Theory*, Nueva York.

Kermabon, J. (1995), «Tati architecte: la transparence, le reflet et l'éphèmere», en: *CinémAction* 75, 134–137.

Koolhaas, R. (2006), *La ciudad genérica*, Barcelona.

Lamster, M. (ed.) (2000), *Architecture and Film*, Nueva York.

Lévinas, E. (1997), *De lo sagrado a lo santo. Cinco nuevas lecturas talmúdicas*, Barcelona.

López Silvestre, F. (2004), *El paisaje virtual. El cine de Hollywood y el neobarroco digital*, Madrid.

Maddock, B. (1977), *The Films of Jacques Tati*, Metuchen.

Manzione, L. (2005), «No-lugares. Figuras de la ausencia: figuras de lo desconocido», en: http:/ / www.atopiaonline.de / architex / manzioes.htm.

Marie, L. (2001), «Jacques Tati's *Play Time* as New Babylon», en: M. Shiel / T. Fitzmaurice (eds.), *Cinema and the City. Film and Urban Societies in a Global Context*, Oxford, 257–269.

Merleau-Ponty, M. (1976), *Phénoménologie de la perception*, París.

Nazario, L. (ed.) (2005), *A cidade imaginária*, São Paulo.

Neumann, D. (ed.) (1996), *Film Architecture: Set Designs from Metropolis to Blade Runner*, Nueva York.

Penz, F. (1997), «Architecture in the Films of Jacques Tati», en: F. Penz / M. Thomas (eds.), *Cinema and Architecture. Méliès, Mallet-Stevens, Multimedia*, Londres, 62–70.

Placereani, G. / Rosso, F. (eds.) (2002), *Il gesto sonoro. Il cinema di Jacques Tati*, Milán.

Riambau, E. (1997), *Francis Ford Coppola*, Madrid.
Shiel, M. / Fitzmaurice, T. (eds.) (2003), *Screening the City*, Nueva York.
Shiel, M. / Fitzmaurice, T. (eds.) (2001), *Cinema and the City: Film and Urban Societies in a Global Context*, Oxford.
Sorkin, M. (ed.) (2004), *Variaciones sobre un parque temático. La nueva ciudad americana y el fin del espacio público*, Barcelona.
Venturi, R. et al. (1977), *Learning from Las Vegas: The Forgotten Symbolism of Architecture Form*, Cambridge.

La búsqueda de la ciudad ideal en los siglos XIX y XX

José Antonio Aldrey Vázquez
(Universidade de Santiago de Compostela)

Los ámbitos urbanos son los principales protagonistas de los espacios geográficos contemporáneos. La ciudad ocupa grandes extensiones, haciendo omnipresente su organización, sus estructuras, su cultura, sus modos y sus tipologías. Es un hecho evidente y trascendental el crecimiento de las ciudades, grandes y pequeñas, en todo el mundo, de modo que el fenómeno urbano ocupa espacios que hasta hace poco tiempo le parecían vetados y eran considerados rurales, tanto en su dimensión física como en sus características culturales. La ciudad ha triunfado, como forma construida y como forma cultural. El modo de vida y la cultura urbana son dominantes incluso en los espacios considerados rurales. Los hábitos de vida, de compra, de ocio y de relación entre personas han cambiado en los territorios tradicionalmente calificados como rurales, de modo que aunque físicamente no constituyan una ciudad, sí se rigen por sus pautas culturales y organizativas.

Además del triunfo de lo urbano como cultura y forma de organización espacial, debemos tener presente que las urbes han cambiado en su morfología. Lejos queda ya aquel espacio cerrado por sus murallas, que daba su espalda al resto del territorio. También se ha desterrado la idea de la ciudad residencial rodeada de un cinturón industrial. Las nuevas formas de organización del trabajo, las pautas residenciales descentralizadas motivadas por diferenciales de precio del suelo y búsqueda de espacios exclusivos, han multiplicado las formas de las ciudades, difuminando sus límites, llegando incluso a ruralizar partes de la ciudad. De ello da muestra desde antiguo la denominada «ciudad jardín», una de las principales utopías urbanas, a la que nos acercaremos páginas más adelante, los barrios residenciales de chalets en áreas de baja densidad edificativa, los «barrios satélite» o las tipologías arquitectónicas ruralizantes. Por otro lado, es evidente también que el campo se ha urbanizado. Todo ello converge en una imprecisión creciente en los límites campo-ciudad[1], y ello, como hemos apuntado, tiene mucho que ver con la extensión de la cultura urbana, que tiene una influencia universal, de modo que incluso podríamos afirmar que la globalización ha «globalizado» la ciudad.

1 LA BÚSQUEDA DE LA CIUDAD IDEAL

El siglo XIX fue un momento de gran efervescencia en la búsqueda de ciudades ideales, siguiendo la tradición del pensamiento utópico y buscando solucionar las grandes disfunciones de la ciudad industrial. Así, algunas surgieron desde presupuestos anarquistas o comunistas, siguiendo la idea de ciudad jardín desde unos planteamientos comunales. En otras ocasiones subyacía la moral victoriana, con ideas filantrópicas que buscaban la conjunción de del trabajo agrícola e industrial en pequeñas ciudades, como los proyectos de Robert Owen. Era común también la in-

---

1 Vid. Lois González (2004).

spiración religiosa en la búsqueda de la ciudad utópica, como las más de 800 comunidades creadas en Estados Unidos en los últimos decenios del siglo XIX, entre las que destacó la mormona Salt Lake City[2].

En todas esas grandes utopías subyacía la idea de la consecución de un cambio de sociedad, que se entendía como injusta y alejada del ideal humano de convivencia con el medio natural. Por tanto, la ciudad ideal se habría de materializar con un cambio en el diseño de sus asentamientos, que la aproximasen a las necesidades humanas, asegurando el desarrollo industrial al mismo tiempo que se tuviese una disponibilidad de espacios urbanos salubres y bien comunicados.

Muy a finales del siglo XIX, y plenamente en el XX, van a surgir propuestas para mejorar la ciudad que siguen la senda del pensamiento urbano apuntado, se trata de iniciativas o ideales sin una intención específica de transformar la ciudad en algo diferente, o en otra forma de organización social, sino que tuvieron un sentido bastante más pragmático, intentando garantizar un espacio urbano más eficiente, saludable y acorde con la convivencia social, en la que se potenciaran los nuevos modos de transporte que estaban conociendo en esos momentos un gran desarrollo.

Entre este tipo de propuestas utópicas algunas tienen especial relevancia por su originalidad y por ser la base de muchas intervenciones realizadas sobre el espacio por el urbanismo posterior. Entre ellas podemos destacar la *Ciudad Lineal* de Arturo Soria; la Ciudad-Jardín de Howard; las utopías urbanas de Le Corbusier; el proyecto *Broadacre City* de Frank Lloyd Wright; la aparición de las *Megaestructuras*; o la ciudad como parque temático[3].

Son modelos utópicos pues piensan la ciudad contemporánea como ciudad del futuro, con la idea de que la ciudad puede ser un objeto perfecto y proyectable. En este sentido coincidimos con

---

2 Vid. Nel·Lo / Muñoz (2004).
3 Vid. Fishman (1982); Harvey (2000); Nel·Lo / Muñoz (2004); Vegara / de las Rivas (2004); Escudero Gómez (2008).

Harvey cuando afirma sobre la construcción utópica de la ciudad que «la utopía tiene un profundo papel social, espacio para la esperanza en la medida que propone un paisaje imaginado para el proyecto de un espacio colectivo, una utopía siempre geográfica porque representa un paisaje moral»[4].

Por tanto, en las siguientes páginas vamos a ir desgranando cada una de esas grandes propuestas antes mencionadas.

2 LA CIUDAD LINEAL DE ARTURO SORIA Y MATA

Arturo Soria y Mata fue un ingeniero madrileño que propuso un proyecto en 1890 en la prensa madrileña que se basaba en una planificación lineal de la ciudad a través de los espacios rurales siguiendo el trazado del ferrocarril. Su idea partía de la premisa de Ildefonso Cerdá (el urbanista que proyectó el Ensanche de Barcelona) que postulaba «ruralizad la ciudad, urbanizad el campo»[5].

Pretendía realizar seis ciudades lineales radiales que unirían el casco antiguo de Madrid con seis núcleos rurales periféricos. Para Arturo Soria, la ciudad concebida de este modo podría extenderse y llegar de Madrid a San Petesburgo y en términos de morfología urbana sería un ejemplo de pureza, inmediatez y perfección no exentas de complejidad[6]. La complejidad venía impuesta por su desarrollo en forma de malla o red, conectando los centros urbanos ya creados. Si bien el proyecto nunca fue ejecutado como lo concibió su autor, la idea de extensión lineal de la ciudad estuvo presente en muchas otras realizaciones posteriores tanto en España como en Europa, sobre todo después de la Segun-

---

4   Harvey (2000), 154.
5   Terán (1999).
6   Vid. Nel·Lo / Muñoz (2004).

da Guerra Mundial y como solución para la reconstrucción[7]. Fue también retomado el proyecto en los años 1960 en muchas ciudades que vieron llegar a grandes contingentes demográficos como consecuencia de la industrialización, tomándose como referencia para la construcción de nuevas piezas urbanas en las que alojar de manera masiva a esos contingentes demográficos recién llegados. También se tuvo como referencia, así mismo, en la creación de ciudades nuevas en el norte de Europa, que siguieron en ocasiones este modelo de ciudad lineal, aunque sólo en su configuración morfológica (como en el caso la ciudad holandesa de Pampus). En la actualidad, la eficacia del modelo lineal de Soria y de sus analogías se centra en la eficacia de un transporte que surge de la ciudad central y continua preexistente. Es la *Transit Oriented Development* (TOD), estrategia directamente ligada a la idea de Soria, aunque abordando la complejidad urbana actual con los recursos tecnológicos y organizativos de nuestra sociedad[8].

3 LA CIUDAD-JARDÍN DE EBENEZER HOWARD

El modelo de Ciudad-Jardín fue propuesto en 1898 por Ebenezer Howard en su obra *Tomorrow: A Peaceful Path to Real Reform*, reeditado poco tiempo después como *Garden cities of To-morrow* (1902). La Ciudad-Jardín plantea una verdadera alternativa a la gran ciudad industrial congestionada, desde el control del crecimiento urbano, pero sobre todo desde un sistema territorial diferente: territorio (la ciudad-campo), vivienda, trabajo y transporte. Se trata de una alternativa que propone un sistema de ciudades integrado con el campo y como alternativa a la ingobernabilidad inherente a las grandes ciudades del momento.

---

7   Vid. Maure Rubio (1991).
8   Vid. Vegara / de las Rivas (2004).

En su esquema, esta ciudad tenía un doble objetivo: lograr que las áreas rurales no se despoblasen y descongestionar los centros urbanos industriales, dotando a la ciudad de espacios públicos abiertos y dando servicios urbanos contiguos a las zonas agrícolas para que no se produjeran las migraciones campo-ciudad[9].

Según los presupuestos de Howard, la Ciudad-Jardín debería estar planificada para una población limitada de 32.000 habitantes, de los cuales 2.000 se dedicarían a la agricultura. De los 6.000 acres de superficie, sólo 1.000 serían urbanizados, mientras que el resto se emplearía en usos agrícolas. La Ciudad-Jardín se estructura de forma circular, con seis bulevares radiales, avenidas concéntricas y una línea de ferrocarril en el límite de la ciudad que la conecta con el exterior. En el centro Howard establecía los servicios más importantes, mientras que otras áreas significativas eran el «parque central» y la zona residencial de densidad baja, separada por una «gran avenida». En el anillo exterior de la ciudad se situaban las fábricas, almacenes y mercados, justo enfrente de la línea de ferrocarril.

Este modelo conoció una gran expansión en el período de entreguerras, debido a varios condicionantes, como las nuevas necesidades de vivienda surgidas tras la contienda, la reconstrucción urbana vinculada al ideal de baja densidad en comunión con la naturaleza, el alejamiento de las industrias de la ciudad tradicional que conllevó la necesidad de nuevas áreas residenciales próximas a las mismas, etc. El ideal howardiano nunca ha desaparecido e incluso en la actualidad encontramos actuaciones que siguen claramente el modelo, como está ocurriendo en estos momentos en Galicia (España), en el llamado *Val da Rabeda* en la provincia de Ourense, donde se pretende llevar a cabo una actuación centrada en una gran plaza pública concebida como ágora, como lugar de encuentro de residentes, visitantes y trabajadores del entorno, conjugando industrias, áreas residenciales, culturales y de ocio, en sucesivos anillos concéntricos, unidos todos por un ferrocarril ligero.

---

9   Vid. Fishman (1982).

Además, muchos de los elementos programáticos del urbanismo posterior aparecen prefigurados en la Ciudad-Jardín de Howard, como son los cinturones verdes de las ciudades, los barrios satélite, el ferrocarril metropolitano, la localización periférica e integrada de la industria, la protección del espacio agrario, anticipando incluso el papel del gran contenedor arquitectónico, que Howard dispone en su ciudad central con sus admirados Palacios de Cristal[10].

4 LAS PROPUESTAS DE LE CORBUSIER (DÉCADAS DE 1920 A 1940)

Los escritos teóricos y las realizaciones prácticas de este arquitecto inspiraron directamente el urbanismo Moderno o Funcionalista, que va más allá de la forma al criticar el crecimiento descontrolado de las ciudades europeas y propone una revolución urbana basada en el rol que las ciudades deben desempeñar como «células vitales del mundo»[11].

Muy revelador, para entender el pensamiento de Le Corbusier, es su libro *Urbanismo*, de 1925, en el que nos indica su concepción utópica sobre la ciudad:

> La ciudad es un instrumento de trabajo. Las ciudades ya no desempeñan normalmente esta función. Son ineficaces, gastan el cuerpo, se oponen al espíritu [...]. Las artes y el pensamiento modernos, después de un siglo de análisis, buscan más allá del hecho accidental, y la geometría los conduce a un orden matemático, actitud cada vez más generalizada[12].

---

10 Vid. Vegara / de las Rivas (2004).
11 Le Corbusier (1971), 36.
12 Nel·Lo / Muñoz (2004).

En 1923 Le Corbusier ya había formulado las bases del urbanismo moderno en cuatro postulados que servirían como pilares para redactar la posterior *Carta de Atenas* (1933), que representó la normalización de la Ciudad Funcional. Fueron los siguientes: descongestionar el centro de las ciudades para hacer frente a las exigencias de la circulación; aumentar la densidad del centro de las ciudades para lograr el contacto exigido por los negocios; aumentar los medios de circulación, modificando la función de la calle para adaptarla a los modernos medios de comunicación; y, aumentar los espacios libres para garantizar la higiene y el buen ambiente requerido para los negocios[13].

La ciudad de Le Corbusier es de densidad baja debido a su gran extensión, pero con una gran concentración de población en los edificios aislados y separados entre sí por una relevante superficie de espacio público abierto y unas redes viarias de comunicación clave para la multiplicación del modelo.

Las aportaciones de Le Corbusier han sido sustantivas para la planificación urbana, pues introdujo criterios luego adoptados como normativos[14], como el *zoning* (separación funcional de áreas en función de los usos del suelo) o el uso de *standards* (las mínimas cantidades de espacio habitado, espacio público o verde por habitante en el entorno urbano). Es una ciudad clasificada funcionalmente, pero también segregada socialmente: el centro de la ciudad está reservado para los negocios y los servicios de la Administración; la residencia obrera aparece, sin embargo, en medio del verdor, a lo largo de ciudades lineales industriales[15].

Este urbanismo higienista y moralizante solo prevé como actividades cotidianas de recreo las estrictamente físicas (juegos y deportes al aire libre), de manera que las necesidades culturales colectivas o individuales (bibliotecas, lugares de reunión, aulas de

---

13   Vid. Nel·Lo / Muñoz (2004).
14   Vid. Pujadas / Font (1998).
15   Vid. Nel·Lo / Muñoz (2004).

cultura), la importancia de espacios múltiples y complejos de la ciudad no se tienen en cuenta[16].

El uso simplificado de las ideas de Le Corbusier fue profusamente puesto en práctica durante las décadas de 1960 y 1970, tanto en España como en otros ámbitos europeos, en especial en los grandes conjuntos habitacionales para albergar población inmigrada, aunque sin la profusión de espacios libres y movilidad que él proyectara.

5 EL PROYECTO *BROADACRE CITY* (1931-1935) DE FRANK LLOYD WRIGHT

Frank Lloyd Wright en su libro *The Disappearing City* (1932) hace una crítica demoledora a la ciudad suburbial de crecimiento ilimitado y se considera como uno de los primeros testimonios de la crisis de las grandes ciudades de la época.

Para Wright lo urbano es una capa horizontal que se superpone al territorio asegurando la movilidad a través de él con el transporte rodado. *Broadacre City* es una cuadrícula-paisaje ideada para soportar la urbanización del territorio en el oeste americano. Su propuesta debe contextualizarse de acuerdo con la increíble expansión del automóvil en aquellos años. El resultado de los procesos urbanos ligados a la consolidación de la economía industrial fondista en Estados Unidos fue el *sprawl*, la salida de poblaciones de las ciudades centrales para vivir en los suburbios.

El corazón de *Broadacre City* es un complejo de casas unifamiliares con un acre de terreno (4.000 m2) para cada familia, integrada con la urbe industrial lineal y con una ciudad para los negocios y el ocio. Es, en definitiva, un ideal para la urbanización

---

16 Vid. Chueca Goitia (1995).

de la nueva frontera del Midwest americano[17]. En este sentido, el contenido utópico de *Broadacre City* es bastante diferente al de otras utopías modernas de ciudad. Frente a la especialización, la funcionalidad y la división de los procesos, propios de la civilización industrial, en *Broadacre* el ciudadano aspira a ser granjero y obrero, artesano y patrón de las artes y de la educación, un hombre o mujer que posee y desarrolla plenamente sus facultades.

La propuesta de Wright presenta un marcado individualismo democrático, que plantea que no debe existir diferencia entre el estilo de vida urbano y el rural, hablando, al igual que lo hiciera Howard, de la unión ciudad-campo.

6 LAS MEGAESTRUCTURAS

La megaestructura es el gran artefacto, polifuncional y adaptable, concebido como sustituto de la ciudad. Su escenografía está a medio camino entre la ciencia ficción y lo efectivamente realizado por la ingeniería. La idea de la megaestructura fue iniciada por la arquitectura esquemática de Le Corbusier en sus proyectos para Argel, donde su *Plan Obús* (1932) planteaba una autopista que se transformaba en un gran edificio[18], y continuada luego por otros, como el arquitecto Kisho Kurokawa, quien en su proyecto *Helix City* (1972), imita la recién descubierta estructura del ADN en un intento de establecer una analogía biológica que modere el impacto del artefacto.

Desde entonces se siguen proponiendo grandes artefactos urbanos que alardean de su poderío tecnológico, ignorando que la ciudad no es sólo tecnología sino sobre todo sociedad. Muchas megaestructuras aspiran a sustituir a la ciudad existente y casi

---

17 Vid. Vegara / de las Rivas (2004).
18 Vid. Vegara / de las Rivas (2004).

siempre muestran un entusiasmo grande ante lo que la arquitectura y la técnica es capaz de hacer. Sin embargo, la megaestructura también ha recogido un planteamiento diferente, de crítica a la ciudad existente, de insatisfacción frente a la tiranía de los nuevos objetos urbanos, con patrones muchas veces estandarizados. Surgieron así corrientes como el *situacionismo*, formulado por Guy Debord en 1956 con su «teoría de la deriva»[19], como técnica de paso sin interrupción a través de ambientes diversos. El *situacionismo* es un constructor de situaciones en la ciudad (microambientes transitorios, vistas fugaces de lo urbano) que se apoya en la geografía de la percepción y el comportamiento[20]: le interesa el estudio de los efectos del medio geográfico sobre el comportamiento afectivo de los individuos.

Quizás en esta corriente fue *Archigram* el grupo más influyente, con propuestas como *Plug-In City* (1964), una ciudad enchufable y ambulante que camina por la bahía de New York, o *Instant City*, una imagen de gran valor para comprender el cambio que se estaba produciendo en el espacio público, criticando el nuevo camino que se había tomado y anticipando lo que luego sería el *Centro Pompidou* en París, que nace con la idea del gran artefacto que por sí mismo constituye con autonomía una nueva realidad en la ciudad, dándole nuevas funciones al lugar donde se asienta y dinamizando social y culturalmente el espacio que ocupa.

De este modo, la ciudad se convierte, junto con las megaestructuras que la pueblan, en un teatro de estrategias culturales, idea que no se ha perdido y permanece muy vigente en la arquitectura actual. La megaestructura busca hoy la recuperación de la unidad perdida entre los procesos de urbanización y de edificación. Su vigencia estriba en que la megaestructura puede ser considerada un mecanismo para reconsiderar las grandes redes de transporte y una ciudad extensa hecha de grandes contenedores.

---

[19] Vid. Andreotti / Costa (1997).
[20] Vid. Lynch (1984).

7 LA CIUDAD COMO PARQUE TEMÁTICO

La ciudad ha perdido algunas de las características que la hacían reconocible. La urbe, como centro de relación, como espacio de comunicación, ordenada en torno a la plaza y el mercado, ha perdido su antigua personalidad. Los espacios urbanos se cierran, protegidos por nuevas barreras de seguridad, se aíslan de las inclemencias del tiempo, se convierten en «variaciones de un parque temático», tal y como describe el arquitecto norteamericano Michael Sorkin en el libro homónimo[21].

Nos encontramos ante espacios cerrados, jardines cubiertos, arquitecturas fingidas, lugares mastodónticos erguidos a mayor gloria de las grandes franquicias de moda y complementos. Hoy podemos viajar por todo el mundo occidental visitando centros comerciales idénticos, donde podemos hallar no sólo cualquiera de las firmas de moda de nuestro tiempo, sino que además nos ofrecen la posibilidad de jugar a los bolos, ver una película o elegir cenar en uno de los variados restaurantes temáticos que estos lugares ofrecen.

Son espacios donde la extracción, reducción y remezcla funcionan para producir algo totalmente nuevo, un espacio antigeográfico, un «no lugar», sin personalidad o singularidad alguna[22]. Se trata de espacios en los que la gente penetra en un mundo feliz, carente de conflictos, sólo moderado por su capacidad de consumo. Es el origen mismo del parque temático y de los grandes centros comerciales.

Surgen como ciudades cerradas al lado de la ciudad real. Son una realidad «feliz» que se levanta con plena autonomía en las periferias de las grandes urbes, como una verdadera utopía realizada al servicio de la sociedad del ocio.

---

21   Sorkin (2004).
22   Vid. Augé (1992).

Tanto los grandes centros comerciales como los parques temáticos, siempre concebidos como negocio, devoran los espacios adyacentes ligados al trabajo y al comercio, generando en torno de sí verdaderos proyectos urbanísticos, en muchas ocasiones liderados por instalaciones hoteleras. Incluso amenazan con invadir el espacio de la ciudad histórica, que en muchas ocasiones acaba convirtiéndose en un parque temático de carácter cultural.

Y, con este otro tipo de utopía, la utopía de destrucción del espacio público y su conversión en espacio privado, de intereses económicos y claramente mercantilistas, acabamos este repaso a las grandes ideales de ciudad, coincidiendo de nuevo con David Harvey en que en este caso «nos encontramos ante una utopía degenerativa, que no mira hacia delante sino que fomenta la nostalgia de un pasado mítico, perpetuando bajo el fetichismo de la comodidad cultural en lugar de la crítica cultural, que era el componente central de la utopía»[23].

REFERENCIAS BIBLIOGRÁFICAS

Andreotti, L. / Costa, X. (eds.) (1997), *Teoría de la deriva y otros textos situacionistas sobre la ciudad*, Barcelona.

Augé, M. (1992), *Non-lieux. Introduction à une anthropologie de la surmodernité*, París.

Chueca Goitia, F. (1995), *Breve Historia del Urbanismo*, Madrid.

Escudero Gómez, L. A. (2008), *Los centros comerciales. Espacios postmodernos de ocio y consumo*, Cuenca.

Fishman, R. (1982), *Urban Utopias in the Twentieth Century: Ebenezer Howard, Frank Lloyd Wight, Le Corbusier*, New York.

Harvey, D. (2000), *Spaces of Hope*, Edimburg.

Le Corbusier (1971), *Los principios del Urbanismo*, Barcelona.

---

23 Harvey (2000), 167.

Lois González, R. C. (2004), «Estructura territorial de Galicia», en: R. Rodríguez González (ed.), *Os concellos galegos para o século XXI. Análise dunha reestructuración do territorio e do goberno local*, Santiago de Compostela, 101–160.

Lynch, K. (1984), *La imagen de la ciudad*, Barcelona.

Maure Rubio, M. (1991), *La Ciudad Lineal de Arturo Soria*, Madrid.

Nel·Lo, O. / Muñoz, F. (2004), «El proceso de urbanización», en: J. Romero (ed.), *Geografía Humana*, Madrid, 255–332.

Pujadas, R. / Font, J. (1998), *Ordenación y planificación territorial*, Madrid.

Sorkin, M. (2004), *Variaciones de un parque temático. La nueva ciudad americana y el fin del espacio público*, Barcelona.

Terán, F. de (1999), *Historia del Urbanismo en España III. Siglos XIX y XX*, Madrid.

Vegara, A. / Rivas, J. L. de las (2004), *Territorios Inteligentes. Nuevos horizontes del Urbanismo*, Madrid.

La construction / destruction de soi dans et par la ville : Philadelphie (*Rocky*, 1976) vs. Londres (*Naked*, 1993)

Ur Apalategi (Université de Pau et des Pays de l'Adour)

Je souhaiterais parler du rôle du décor urbain dans la construction d'un mythe, ce dernier terme étant ici entendu dans deux acceptions différentes quoique complémentaires. Il s'agit d'abord de l'acception première du mot, son sens étymologique de récit, de fable. Autrement dit je voudrais étudier la fonction narrative de la ville, sa valeur actantielle. En quoi le décor urbain d'un film peut-il faire avancer le récit, en quoi constitue-t-il un des ressorts dramatiques dont dispose le réalisateur pour construire son récit ? La deuxième acception du terme que je prendrai en compte est celle qui s'applique à un personnage. On peut dire à propos de tel personnage qu'il est « un mythe ». Ce qui m'intéresse, c'est la façon dont le personnage à dimension mythique *colle* à la ville qui le voit se mythifier au fur et à mesure que le récit avance. C'est-à-dire la manière dont le personnage et la ville s'imbriquent, fusionnent, pour donner naissance au mythe, de nouveau dans les deux sens dudit terme.

Les deux films que j'ai choisi de comparer, *Rocky* de Sylvester Stallone et *Naked* de Mike Leigh, s'opposent sur de nombreux points (comme on aura l'occasion de le constater) mais convergent sur le point essentiel qui nous intéresse et que je viens de détailler plus haut. En effet, la construction narrative des deux films se fonde quasi exclusivement sur le binôme personnage marginal / grande ville occidentale à l'ère postmoderne. L'intérêt d'une telle étude parallèle réside évidemment davantage dans les contrastes que l'on peut observer que dans le jeu de ressemblances qui ne fournira que le prétexte et la validation de la pertinence de la comparaison. C'est pourquoi, après avoir, dans un premier temps, mis en lumière ce qui rapproche les deux films, ce qui en fait deux récits mythiques comparables, nous nous attarderons peut-être davantage sur les éléments qui font du personnage central de *Naked* – Johnny – une espèce de négatif de Rocky Balboa. Enfin, nous tenterons de tirer de notre étude une réflexion plus large sur la question de l'existence ou de l'inexistence d'une spécificité des identités américaine / européenne en faisant du rapport de ces deux personnages à leurs villes respectives des symptômes révélateurs des dites idiosyncrasies sociétales.

1 ROCKY ET JOHNNY, FRÈRES DANS LA « DÈCHE »

Le premier élément commun aux deux personnages est leur âge. Ils sont tous les deux près d'arriver à l'équateur de leur trentaine, ce qui suppose qu'ils ont raté leur entrée dans le circuit économique et social. Ils ne sont plus en âge d'être étudiants, ils n'ont plus d'avenir en point de mire, et sont par conséquent trop adultes pour que l'on puisse parler à leur égard de *bohème*. Johnny en est conscient qui déclare : « Je suis trop vieux pour tout ça ». Dans le cas de Rocky c'est l'image récurrente des trains qui passent en arrière-plan du héros qui met en lumière –par contraste– sa stagnation dans un monde qui continue d'avancer sans lui. Nous sommes face à des chômeurs, condition sociale subie dans le cas de Rocky qui a sans doute raté ses études, ou choisie dans le cas de Johnny que l'on devine réfractaire aux valeurs véhiculées par l'institution scolaire ou universitaire mais largement à même de mener à terme des études s'il se le proposait. Cela ne signifie pas pour autant qu'ils ne travaillent pas. En effet, Rocky, bien que chômeur, tire ses revenus d'un « travail » peu recommandable d'encaisseur de dettes pour un usurier mafieux. Johnny, lui, refuse l'idée même de travail et vit de l'aide des gens et du fruit de menus larcins. Chacun à sa façon est donc un hors la loi. Leurs diminutifs en « y » les infantilisent au regard de la vraie société, celles des gens sérieux, celle des cols blancs – on ne connaîtra jamais les versions sérieuses et complètes de leurs prénoms ni même le patronyme de Johnny. Leur situation maritale est identique. Ils sont tous les deux célibataires et hétérosexuels au début du film, mais pas pour autant inexpérimentés. Cependant, alors qu'un monogame romantique sommeille en Rocky, Johnny ne semble pas plus croire aux vertus salvatrices de l'amour qu'à celles de la foi religieuse. On ne peut pourtant pas dire qu'il est athée et encore moins indifférent aux idées religieuses. C'est même un personnage tourmenté par les textes bibliques, qui rumine des passages entiers du livre sacré, alors que sa vie semble aller à l'encontre de leur message d'espoir. Rocky n'est pas non plus indifférent à la question religieuse. La foi catholique du descendant d'immigrés italiens demeure vivace en lui, et semble même constituer la charpente morale qui lui permet de ne pas sombrer dans les crevasses de la marge. C'est un loubard, certes, c'est même un encaisseur d'usurier mafieux, mais il fait cela sans volonté de nuire, avec humanité (!), si tant est que cela soit possible. Même lorsqu'on lui demande d'être violent – l'usurier exige de lui qu'il coupe une phalange à un débiteur – il ne s'y résout pas. Son entraîneur de boxe lui reproche de ne pas en vouloir assez, de ne pas être suffisamment agressif. Leur dégaine rapproche également ces deux hommes : d'une part leurs grands corps (Johnny est certes doté d'une élégance naturelle que Rocky n'a pas, mais il lui manque la belle masse musculaire qui donne à Rocky son allure). Tous les deux sont en noir au début du film, comme pour souligner leur côté négatif (mauvais garçon pour Rocky, esprit de négation dom juanesque chez Johnny), et l'absence d'espoir qui les entoure. Dans des styles très différents, ils présentent une tendance au monologue logorrhéique. Alors que Rocky serait un bavard italien à l'exubérance affective quelque peu étouffante, Johnny, lui, est un personnage tragique, trop intelligent pour être heureux, trop enclin à détruire par la dialectique tout ce qui tient encore debout.

Un dernier élément rapproche ces deux personnages, et pas le moins important : la ville en crise. Ils évoluent tous les deux dans des grandes villes occidentales possédant un passé « moderne » glorieux mais qui peinent à négocier le passage à l'ère postmoderne : Londres et Philadelphie.

Je ne m'attarderai pas sur l'importance de Londres dans le processus de modernisation des sociétés occidentales depuis le sortir du Moyen Age – constitution du capitalisme moderne, de la démocratie parlementaire, des libertés civiles et religieuses – mais il est peut-être nécessaire de dire quelques mots sur Philadelphie, qui n'est pas loin de représenter un équivalent nord-américain de la capitale britannique par le rôle d'avant-garde modernisatrice qu'elle a pu jouer au cours de la courte histoire des États Unis. Le scénariste Stallone n'est pas sans savoir qu'en plaçant son héros à Philadelphie il le fait remonter aux sources de l'américanité moderne. Philadelphie fut, en effet, la ville libérale par excellence, la ville de la liberté religieuse pour les immigrants, celle dans laquelle les idées des lumières européennes furent les plus actives tout au long du XVIIIe et du XIXe siècle. Une ville qui préféra l'accord à la violence dans son rapport aux aborigènes. Celle qui fut la capitale des États Unis d'Amérique entre 1790 et 1799 fut également la ville dans laquelle a été rédigée la déclaration d'indépendance, le principal foyer anti-esclavagiste du pays durant la guerre de Sécession. Sur le plan économique, Philadelphie contribua grandement à la naissance de la puissance américaine, notamment au XIXe siècle durant lequel, grâce au charbon des Appalaches, elle participa à l'édification du fameux *manufacturing bell*.

Et pourtant, les deux villes connaissent une crise économique et identitaire importante à partir de la fin de la deuxième guerre mondiale. Londres (ainsi que l'Angleterre), ville symbole de la révolution industrielle, subira de plein fouet l'effondrement de l'économie fondée sur la production industrielle et aura à connaître la rigueur et les conflits sociaux brutaux de l'ère thatchérienne avant de retrouver sa place, à la fin du siècle, dans le concert des grandes villes mondiales à l'avant-garde de l'évolution du monde postmoderne (pour le meilleur et pour le pire). Philadelphie connaît un destin assez parallèle, à ceci près qu'elle n'a plus jamais retrouvé sa place de pionnière de l'évolution économique et sociale à l'échelle mondiale, ni même américaine. Entre 1950 et 2000, en raison principalement de la crise économique qui la frappe, elle perd 480 000 habitants sur les deux millions qu'elle comptait. Dans les années 70, l'*upper middle-class* blanche (les wasp) fuit la ville pour aller s'installer dans les villes environnantes du comté. La ville est gangrenée par la drogue, le chômage, les gangs et les conflits raciaux. Les indicateurs de santé de la ville sont aujourd'hui encore nettement en-dessous (ou au-dessus, selon la perspective que l'on adopte) des seuils moyens du pays : le taux de personnes vivant sous le seuil de pauvreté est de 24,5% (alors que la moyenne nationale est de 13,3%), le taux de criminalité est de 25,6 meurtres pour 100 000 habitants (alors qu'il est de 6,9 à l'échelle nationale). Les services publics, municipaux ou privés, pourvoient à la majorité des emplois ! Sur le plan politique, la ville est démocrate depuis 1952 et gère la ville en mettant en place une politique d'intervention publique en faveur des classes sociales défavorisées. Autant dire que l'on pourrait se croire en Europe...

L'action de *Rocky* se situe en 1976, alors que la crise dont nous parlons est à son acmé, tandis que *Naked* place son personnage au début des années 90, époque à laquelle Londres commence à être « nettoyée » de son passé industriel et ouvrier sans que l'on puisse encore parler de sortie de crise. L'atmosphère générale des deux films est globalement dépressive, et le décor de banlieue délabrée dans lequel Rocky et Johnny évoluent est très semblable, jusque dans l'omniprésence de la brique rouge comme élément architectural dominant. La plupart des scènes d'extérieur sont filmées la nuit (sauf dans la deuxième partie de *Rocky*, comme nous le verrons), et cette vision essentiellement nocturne des villes accentue la tristesse des situations narrées. Tout contribue à faire de ces deux personnages d'absolus jumeaux narratifs, du moins au point de départ de leurs parcours mythiques respectifs, même la saison hivernale au cours de laquelle a lieu l'épisode existentiel mis en image par chacun des films.

Si les extérieurs urbains sont principalement nocturnes, la ville ne se limite nullement à ceux-ci. Les intérieurs – c'est-à-dire les appartements respectifs des Johnny et Rocky – ont une grande importance dans la description sociologique du milieu dans lequel ils évoluent. D'autre part, ces appartements constituent également une projection des états d'âme des personnages, comme pouvaient l'être les paysages pour les poètes symbolistes du XIXe siècle. Appartement mal rangé, exigu mais plein de bibelots à valeur sentimentale pour Rocky ; appartement de son ancienne petite amie pour un Johnny qui n'est jamais ni nulle part vraiment chez lui. Il ne fait pas vraiment bon vivre dans ces endroits. Rocky en est bien conscient, qui ne cesse de le dire aussi bien à Adrian, sa nouvelle petite amie, qu'à son entraîneur de boxe. D'ailleurs, dès qu'il le peut il quitte cet endroit pour aller s'installer chez Adrian et le frère de celle-ci, Paulie. Ceux-ci ont un appartement plus grand et à peine moins miteux, mais les tourtereaux y trouvent le confort suffisant pour y faire un nid d'amour. Quant à Johnny, en bon parasite social, il s'est lui-même invité chez Louise et n'a de cesse d'ironiser, en outre, sur la merveilleuse acquisition immobilière londonienne de son ex. Lorsque Louise rentre du travail et qu'elle découvre que Johnny s'est installé chez elle, elle lui lance : « Tu as l'air d'une merde ». Johnny répond : « J'essaie de me fondre dans le décor ». Lorsqu'elle entreprend de lui faire faire le tour du propriétaire – car elle est fière de sa réussite sociale (relative) –, il ne montre aucun intérêt et déclare : « Oui, voilà un espace rectangulaire doté de quatre murs, etc. [sic] ».

Quoi qu'il en soit, Rocky et Johnny sont des adeptes du canapé-de-chez-les-autres. Les deux sont, qui plus est, des « immigrés », ils ne sont pas à leur place dans leurs villes respectives. Ils ne font manifestement pas partie des castes sociales qui possèdent la ville. Rocky est un descendant d'immigrés italiens et Johnny est un mancunien (tout comme Louise) qui tente vaguement d'investir Londres, sans grande conviction.

2 DIFFÉRENCES DE PARCOURS : ASCENSION VS. ERRANCE

Partant de situations initiales assez similaires, les deux films proposent cependant des récits radicalement opposés. *Rocky* peut se définir comme une *succes story* à l'américaine, comme une version quintessenciée du mythe du rêve américain, l'histoire d'un moins que rien qui parvient au sommet grâce à une foi inébranlable en lui-même, bien qu'il faille apporter des nuances à ce résumé. On peut dire, par ailleurs, que *Rocky* a véritablement supposé la réalisation du rêve américain pour son scénariste interprète Sylvester Stallone, fils d'immigré parti de pas grand-chose et obtenant à l'arrivée l'Oscar du meilleur film. *Naked*, par contre, met en scène la déchéance progressive d'un personnage qui se caractérise précisément par son absence de foi en lui-même, par son nihilisme autodestructeur. Précisons, au passage, que ce film a révélé Mike Leigh comme réalisateur de cinéma, alors que sa renommée artistique se limitait jusqu'alors au milieu théâtral.

3 ITINÉRAIRE URBAIN DE ROCKY

Ce n'est pas un hasard si le personnage de Rocky Balboa donne son nom au film. Son statut de héros éponyme démontre, si besoin était, son « devenir mythe ». Johnny, lui, est le contraire d'un mythe, il se désagrège dans le paysage urbain. Alors qu'on nous suggère à la fin du film que Johnny va quitter Londres, un Londres qu'il n'aura pas su aimer et encore moins apprivoiser, Rocky, lui, a conquis Philadelphie.

Cette conquête de la ville dure le temps du film et peut être ramenée à quelques images symboliques qui résument sa progression. Les premières scènes du film se déroulent la nuit, dans le quartier en maisons de brique où se trouvent aussi bien l'appartement de Rocky que la salle de boxe dans laquelle il s'entraîne. Puis viennent les scènes dans la zone portuaire, où Rocky exerce son drôle de « métier » d'encaisseur ainsi que les scènes dans lesquelles l'activité industrielle en déclin est mise en relief. Une des scènes mémorables du film se déroule dans les abattoirs dans lesquels travaille Paulie, le frère d'Adrian. Là encore, c'est une Philadelphie ouvrière qui nous est présentée. Pour terminer cette visite de la ville prolétaire, il nous faut évoquer la salle de boxe du quartier de Rocky, dans laquelle nombre d'hommes du peuple viennent s'entraîner pour se prouver à soi-même, comme l'avoue Rocky, qu'ils ne sont pas des « toquards », sans oublier le bar, équivalent populaire de l'agora bourgeoise, espace public de validation de la réussite sociale de Rocky à la fin du film.

La ville bourgeoise, totalement absente durant la première partie du film n'apparaît que lorsque Rocky commence à s'entraîner sérieusement en vue du match qui lui est tombé du ciel. Le champion du monde des poids lourds, Apollo Creed, étant à la recherche d'un challenger pour son match du bicentenaire de la déclaration d'indépendance choisit Rocky, boxeur de seconde zone, pour donner à l'événement une saveur de rêve américain. Saisissant sa chance, Rocky commence alors sa lente ascension vers la reconnaissance sociale. Sa volonté de *s'en sortir* devient très littéralement une tentative physique pour *sortir* de la partie industrielle et ouvrière de la ville et pour s'aventurer dans la zone bourgeoise et institutionnelle. La première incursion en territoire riche a lieu la nuit, timidement, à l'occasion d'un premier footing à l'aube.

Rocky semble alors commencer à se réapproprier son destin. À l'écran cela nous est signifié par une évolution de son rapport aux trains. Si au début du film, les trains passent en arrière-plan, le laissant immobile, stagnant, à partir du moment où il saisit sa chance et s'entraîne dur, il court dans la même direction que les trains, puis dans une image hautement symbolique il finit par s'assimiler au train en se mettant à courir entre les rails du chemin de fer.

C'est alors qu'à lieu la deuxième incursion du personnage dans la zone bourgeoise. Il effectue le même parcours qu'auparavant, mais il s'agit cette fois-ci d'un footing diurne, dans lequel on le voit non plus traverser des rues désertes, mais des rues peuplées, animées, ensoleillées. Le symbolisme est ici transparent et se passe donc de commentaires.

Deux autres espaces urbains sont présents dans le film, jalonnant le parcours mythique du héros. Le premier d'entre eux est le bureau d'affaires du promoteur du match de boxe et partenaire commercial d'Apollo Creed, situé *downtown*, dans la city de Philadelphie. C'est là que Rocky est convoqué et qu'il se voit proposer, incrédule, le match de sa vie. Ce bureau représente évidemment la cuisine du capitalisme, l'endroit par où transite le nerf de la guerre, l'argent.

Le deuxième espace est le lieu de la transformation magique, de la métamorphose du *loser* en *winner*, le lieu de l'anti-destin, à savoir la salle de spectacle dans laquelle a lieu le match du bicentenaire. Le passage de la nuit à la lumière, déjà à l'œuvre dans l'itinéraire urbain de Rocky, se trouve répété et concentré en une seule image lors du match. En effet, le ring sur lequel se joue le destin de Rocky est éclairé (par des projecteurs ; il ne s'agit plus d'une lumière naturelle mais de la lumière de la gloire humaine) alors que la salle reste dans la pénombre. D'autre part l'aspect surélevé du ring reprend le symbole de l'ascension des marches de l'escalier qui mène au Musée d'Art de Philadelphie au cours du double footing d'entraînement. Le parcours de Rocky est bien ascensionnel : il monte de la misère des quartiers ouvriers en déclin vers le promontoire du Musée d'Art, ainsi qu'il monte du parterre vers le ring. Notons au passage que ce motif de l'ascension sera repris quelques années plus tard dans le quatrième volet de la saga Rocky, lorsque le personnage gravit une montagne enneigée au cours de son entraînement rustique avant d'affronter la machine à boxer soviétique.

4   ITINÉRAIRE URBAIN DE JOHNNY

Plutôt que d'itinéraire, il serait préférable d'employer le terme d'errance, tant le parcours suivi par le personnage de *Naked* est chaotique, dénué de sens, de direction, d'objet. La ville telle que Mike Leigh nous la montre n'aide pas, il est vrai, le personnage dans sa navigation incertaine. C'est une ville à maints égards illisible, déstructurée, dénuée de centre et où la périphérie est partout et nulle part à la fois. En tout cas une ville qui désoriente. Pas de structure claire de la ville comme dans *Rocky*, ici. Aucun endroit reconnaissable ou identifiable de Londres ne nous est montré, le réalisateur n'offre au spectateur aucun plan large de la ville, contrairement à *Rocky* qui multiplie les plans larges et fournit donc une cartographie limpide des différents quartiers de Philadelphie. À l'inverse, nous ne disposons dans *Naked* que de fragments de ville totalement anonymes. Aucun espace urbain institutionnel ou doté d'un fort symbolisme social n'apparaît à l'écran. Cet effacement de la lisibilité du Londres postmoderne est clairement signifié au spectateur dès le début du film lorsque l'ancienne petite amie de Johnny, Louise, déchire une carte postale de la capitale britannique et en jette les morceaux dans la poubelle. C'est le seul moment où un visage familier, symbolique, identifiable de Londres apparaît à l'écran. Les Houses of Parliament que l'on arrive à discerner sur la carte postale, symbole du Londres moderne, où le pouvoir était exercé selon des règles politiques et démocratiques, est réduit à l'état d'image folklorique et mensongère d'une ville qui est devenue autre chose. Le Londres de *Naked* est un espace dépolitisé, un espace où règne la confusion des signes, un espace piégé dans lequel le vrai pouvoir – exclusivement économique – est invisible, insaisissable malgré son omniprésence.

Les extérieurs du film ne montrent que des endroits dénués de sens, des lieux muets, non signifiants. Le seul critère permettant de découper l'espace urbain se révèle être l'opulence matérielle ou son absence. Il y a des ruelles désertes, sales, sinistres et des endroits propres, luxueux bien éclairés. La même alternance est proposée concernant les intérieurs montrés à l'écran. L'appartement de Louise, Sophie et Sandra est modeste, d'autres sont glauques (comme celui de la femme exhibitionniste), enfin celui de l'homme qui se prétend propriétaire de l'appartement des trois filles est un moderne et luxueux loft.

Et pourtant on sent confusément que le luxe n'y change pas grand-chose. Tous ces endroits sont pareillement dévastés, gangrenés par l'absence de chaleur humaine, d'une vie réelle, d'un sens. D'ailleurs Jeremy-Sebastian, le yuppie prédateur capitaliste, fuit son appartement luxueux pour aller s'installer chez ses locataires Louise, Sophie et Sandra, afin de les exploiter sexuellement après les avoir financièrement exploitées par la location. De même, le gardien de l'immeuble luxueux de la City dont Johnny qualifie le hall d'entrée de « chambre à gaz postmoderne » avoue qu'il n'est là que pour garder de l'espace, du vide. Il n'y a donc pas de vie humaine à Londres. Comme le dit bien Johnny à Louise, qui est comme lui une mancunienne expatriée : « Est-ce que tu vois quelqu'un, toi ? Putain, j'ai vu plus de vie dans une fosse commune ! ». Tous les quartiers de la ville, toutes les strates sociales semblent affectées par ce mal, cette absence de vie. Vers la fin de son errance nocturne, Johnny croise un colleur d'affiche de concerts rock et tente d'entamer un dialogue avec lui, pensant au vu de son profil sociologique qu'il peut s'agir d'une personne ouverte au dialogue. Celui-ci se révèle encore plus hermétique que tous les autres personnages croisés durant sa pérégrination et l'épisode se termine par un passage à tabac aussi brutal qu'inattendu pour Johnny. Or, ce qui nous intéresse, c'est le symbolisme des affiches qu'il colle sur les murs de la ville. Nous le voyons d'abord coller une affiche du groupe *Megadeth* (« mort massive », à une lettre près). Puis il colle une affiche du groupe *Therapy* ? (« thérapie »). Enfin, il colle un bandeau d'annulation (« cancelled ») sur une autre affiche du groupe *Therapy* ?. La séquence semble avoir un sens qu'il n'est pas difficile de décrypter : la ville est dominée par la mort et aucune thérapie ne se profile à l'horizon. Cela nous renvoie, d'ailleurs, à un épisode se situant au début du film au cours duquel une autre affiche à message implicite ou subliminal est visible à l'écran. Il s'agit d'une affiche sur laquelle figure l'expression « skeletal system ». L'expression se réfère-t-elle au film, qui tente d'établir une radiographie du squelette social de la ville de Londres, ou bien s'agit-il de signifier la nature squelettique du lien social ? Les deux interprétations semblent se compléter plutôt que se contredire.

La ville de Londres devient l'objet d'un discours explicite du film et de son personnage principal, comme si elle disputait la vedette à ce dernier. Elle est qualifiée de Big Shitty (Merdeville, dans la traduction française) par Johnny. La ville détruit le personnage, elle le néantise (tout comme les autres personnages) et Johnny le lui rend bien qui la décrit de façon quasi apocalyptique :

> A Londres tu n'es jamais à plus de 10 mètres d'un rat. [...] Ne sens-tu pas sous tes pieds les boyaux de la ville ? Les boyaux de Londres. Le métro et tout ça, l'histoire de la ville et, sous terre, les fistules, conduits, colons, bunkers, cachots, tombes et tout.

La métaphore n'est pas seulement organique (la mégapole capitaliste qui digère ses habitants), elle emprunte aussi à d'autres registres (politique dans le cas du cachot, métaphysique pour l'évocation de la tombe). La ville est mortifère et Johnny de conclure lorsqu'une SDF écossaise lui demande s'il a déjà vu un cadavre : « Seulement le mien ».

Qui est qui ? Où est-on ? La confusion règne dans le Londres aux contours flous de *Naked*. Le personnage se retrouve au cours de son errance dans un quartier résidentiel où une Rolls Royce semble attendre son passager. Voyant Johnny s'approcher de la voiture, le chauffeur s'en extrait brusquement et l'on craint un moment qu'il ne s'adresse brutalement à celui-ci pour l'en éloigner. Mais, oh surprise, il lui ouvre la porte arrière et l'invite à s'asseoir, le prenant sans doute pour un personnage excentrique du show business. Johnny ne décline pas l'invitation mais il est bientôt dénoncé par son accent qui le renvoie à ses origines mancuniennes et socialement incertaines. Il se fait alors violemment extraire du véhicule.

Dans une société où les liens interpersonnels se distendent de plus en plus, le chauffeur ne connaît plus son passager, il ne peut donc le reconnaître, et le pauvre ne ressemble pas vraiment à un pauvre, ou bien c'est les riches qui se mettent à avoir des looks de pauvre (avec la gauche caviar et les bobos de tous poils) ce qui rend la navigation urbaine incertaine, hasardeuse, voire dangereuse. Une même incertitude quant à la réelle identité de Jeremy plane tout au long du film. Est-il vraiment le propriétaire de l'appartement dans lequel il s'incruste et finit par violer Sophie ? On ne le sait pas vraiment et il n'y a pas de moyen sûr et rapide de le savoir. Lorsque Sophie et Louise envisagent d'appeler la police pour le dénoncer elles finissent par y renoncer de peur de voir la police croire sur parole Jeremy parce qu'il est en costume cravate. Mais c'est bien connu, l'habit ne fait pas le moine.

On se souvient que cette même lecture erronée des codes vestimentaires et sociaux conduit Johnny à se méprendre sur le compte du colleur d'affiches de rock, ce qui lui vaut un tabassage en règle.

L'espace de la ville est déstructuré, il est devenu aussi illisible que ses habitants, et lorsque Johnny pénètre, à l'invitation du gardien d'immeuble qui partage ses préoccupations métaphysiques, à l'intérieur de l'immeuble luxueux il émet le commentaire suivant à la vision d'une décoration végétale luxuriante : « On dit que c'est la jungle là-dehors, mais regarde ça ! ». Puis il renchérit sur cette confusion spatiale : « C'est drôle d'être dedans. Car quand t'es dedans, t'es quand même dehors ».

La conclusion que le personnage tire de son errance urbaine est qu'à aucun moment un endroit de la ville ne lui offre de prise existentielle. Cette impression est évidemment accentuée par le fait déjà évoqué que le film ne concède à aucun moment au personnage ou au spectateur une image identifiable, reconnaissable, typique, rassurante de Londres. Comme Johnny le confesse au gardien qui lui demande s'il ne sait pas où aller : « Des endroits où aller j'en ai plein. Le problème c'est où m'arrêter ».

5 CONSTRUCTION D'UN MYTHE ET DESTRUCTION DE L'ANTIHÉROS

Ce sont donc deux lectures opposées de la ville que nous proposent les deux films, pourtant bâtis à partir de prémices actantielles et narratives quasi identiques.

La Philadelphie de *Rocky* est une ville structurée, dotée d'un espace hiérarchisé, lisible, dans laquelle chacun est à sa place. Les ouvriers se meuvent dans les quartiers qui sont les leurs et Rocky ne sort de son parcours urbain naturel que lorsque l'opportunité se présente à lui de bouger dans l'échiquier social. C'est un personnage raisonnable, qui respecte la sémiologie normative de la ville et qui arrive à s'élever, à se construire en modifiant son itinéraire original. Les étapes de sa construction coïncident d'ailleurs avec celles de son nom. Au début du film le personnage n'est qu'un surnom un peu grotesque – l'étalon italien. N'étant même pas capable de travailler comme ouvrier comme il le devrait, il est une bête de foire affublée d'un surnom qui le rabaisse au rang d'animal[1]. Puis, durant les deux premiers tiers du film il sera nommé Rocky, hypocoristique de Ricardo, ce qui l'humanise quelque peu, sans pour autant le dignifier tout à fait. Ce diminutif doit bien entendu d'abord être compris comme une allusion au nom d'une légende réelle de la boxe, Rocky Marciano (italo-américain, comme lui), dont le poster décati décore la chambre du personnage. Le Rocky interprété par Stallone est un personnage situé. Il a un passé, une famille, il sait d'où il vient, et malgré sa déchéance sociale il a encore des modèles à imiter. Et pourtant, le fait qu'il soit réduit à un simple diminutif nous indique simultanément qu'il demeure un « guignol », qu'il n'est pas pris au sérieux, pas même par les gens de sa classe sociale (cf. la scène mémorable durant laquelle il sermonne une adolescente rebelle et qui se conclut par un bras d'honneur de cette dernière à son attention). A la fin du film, il devient Rocky Balboa, et la présence du patronyme à côté du diminutif symbolise son accession à la dignité, à la reconnaissance sociale, son inscription dans la lignée familiale, son retour à la normalité sociale. Il est, enfin, un dernier indice de l'ascension sociale du personnage, nous voulons parler de l'évolution physique de sa petite amie Adrian. Vieille fille maigrichonne et mal fagotée au début du film, au fur et à mesure que Rocky progresse dans sa quête de dignité sociale, elle subit une véritable transformation.

Le Londres de *Naked* est, à l'opposé, une ville déstructurée et déstructurante, sans grande lisibilité ni relief, où règne la confusion sémiotique. Le personnage, pourtant intelligent – doulou-

---

1 Notons, au passage, que ce surnom qui va comme un gant au boxeur qu'il incarne renvoie en fait au titre d'un film pornographique du début des années 70 – *The italian stallion* – dont Stallone était la vedette masculine. Il y a donc une part d'autodérision dans ce sobriquet ainsi qu'une invitation à une lecture autobiographique du film.

reusement intelligent –, finit par s'y perdre. Il est désorienté, il ne trouve pas sa place. D'ailleurs il n'a pas d'identité sociale clairement définie. Ce n'est pas un ouvrier – sa culture, ses lectures semblent l'avoir coupé de ses origines sociales que son accent trahit pourtant –, mais il n'accède pas pour autant à un nouveau statut social. Comme il l'explique dans un style laconique à Sophie qui lui demande où il va, géographiquement, s'entend : « Je pars en couille ». Johnny demeure un pur diminutif de prénom du début à la fin du film et nulle rédemption ne lui est offerte, surtout pas par la ville de Londres.

Le terme de rédemption, même compris dans son acception religieuse, n'est d'ailleurs pas ici totalement incongru. Le symbolisme religieux implicite de certaines images des deux films vient en effet s'ajouter à la présence assez importante du discours religieux explicite.

Le film *Rocky* s'ouvre sur l'image du Christ qui trône au-dessus du ring de la salle de boxe locale et l'histoire du personnage éponyme peut aussi se lire comme celle de la rédemption d'un loubard. Il est assez intéressant de voir que Rocky lui-même, lorsqu'il pénètre dans la gigantesque salle de spectacle qui accueille son match contre Apollo Creed, prend des allures de Madonne dans son peignoir de boxeur immaculé. Enfin, à la fin du match nous retrouvons une image que l'analyse « mythodologique » chère à Gilbert Durant[2] n'aurait aucun mal à identifier comme une version moderne de la pietà. La figure tuméfiée de Rocky, Christ des prolétaires, vainqueur spirituel du match malgré la défaite sportive, apparaît consolée par la virginale Adrian.

Le film *Naked*, lui, s'ouvre sur une profanation de la figure féminine sacrée, puisque Johnny, l'ange déchu, le dévoyé, viole une femme dans un coin sombre de la ville de Manchester. C'est l'événement qui précipite sa « descente » à Londres. Une fois arrivé à Londres, dans une voiture volée, il débarque dans l'appartement de son ex-petite amie Sophie et y fait la connaissance de Louise. Il

---

2 Cf. G. Durand (1996), *Introduction à la mythodologie. Mythes et sociétés*, Paris.

dit à celle-ci « tu as peut-être déjà connu le meilleur moment de ta vie et le reste de ta vie ne sera que maladies et purgatoire ». La dimension christique de Johnny nous apparaît clairement lorsque le personnage lui-même parle de son parcours chaotique en l'assimilant à un chemin de croix. Il le fait en répondant à Sophie qui lui demande où il est allé pendant la nuit : « sur la *via dolorosa* »[3]. A la fin de son errance circulaire (puisqu'il revient finalement à l'appartement de Sophie), à l'instar de Rocky, il se trouve amoché par le tabassage dont il a été la victime et termine dans les bras de Sophie qui le soigne et le console, reproduisant une nouvelle fois l'image de la pietà.

Et pourtant ces deux pietà n'ont pas le même sens. Le goût de la pietà est amer chez Leigh car le personnage a terminé son errance londonienne dans le caniveau. La pietà de *Rocky* est une image consolatrice, elle symbolise la fin d'une vie de marginal et le renouveau d'un homme. La trajectoire de Rocky se termine au sommet des escaliers du musée d'art de Philadelphie, équivalent du promontoire romantique, endroit symbolique qui lui permet de dominer physiquement le paysage urbain en l'embrassant d'un seul regard surplombant.

6 CONSIDÉRATIONS GLOBALES SUR LE BINÔME IDENTITÉ EUROPÉENNE / AMÉRICAINE

On pourrait réduire le contraste entre les deux films aux sensibilités personnelles opposées des deux cinéastes ou scénaristes à l'œuvre. Nous aurions alors d'un côté un cinéaste optimiste, généreux, qui produirait un film euphorisant – *Rocky* – et de l'autre un cinéaste pessimiste, misanthrope, qui réaliserait un film dépri-

---

[3] Il s'agit du nom d'une des rues de Jérusalem empruntées par le Christ sur son chemin de croix.

mant – Naked. Pour abonder dans le sens de cette interprétation certes incontestable mais qui nous laisse sur notre faim, on pourrait disserter sur des aspects techniques tels que l'utilisation des filtres de lumière qui rend également compte de la différence du traitement d'un identique matériau narratif de départ. En effet, il semblerait que le film de Stallone soit tourné avec un filtre jaune – par ailleurs typique d'une certaine production américaine des années 70 – qui a pour effet de rendre l'image plus chaude, plus chaleureuse, quelle que soit la misère humaine ou sociale montrée à l'écran. Elle contribue à romantiser le réel. Mike Leigh, lui, a opté pour un filtre bleu qui accentue l'aspect blafard de la ville et nous rend les personnages plus distants. C'est un bleu qui fait en quelque sorte obstacle à l'empathie du spectateur par son inconfort, par sa froideur.

Et pourtant l'origine de la différence entre ces deux œuvres cinématographiques me semble bien plus profonde. Le rapport à la ville des deux personnages, leur insertion (ou absence d'insertion) dans l'espace urbain, la façon dont leur histoire personnelle s'articule avec l'histoire de la ville, pourraient être révélateurs d'un clivage identitaire qui opposerait l'Europe et l'Amérique dans leur idiosyncrasie idéologique profonde. En tout cas c'est une hypothèse interprétative qui mérite d'être explorée.

Ce qui sépare le héros américain de l'anti-héros européen est d'abord la foi ou son absence. Si Rocky est le personnage américain par excellence, c'est que même dans les pires moments de son existence une lueur d'espoir subsiste en lui. On ne sera donc pas surpris de le voir prier, à genoux, contre le lavabo du vestiaire, avant son match crucial. Johnny l'Européen, lui, invective la divinité en des termes crus et agressifs qui dénotent la perte définitive de l'espérance: « Pourquoi m'as-tu abandonné, salaud ? ». C'est bien connu, et les deux films semblent illustrer jusqu'à la caricature le poncif, l'Amérique est croyante et puritaine alors que l'Europe est athée et délurée. Par ailleurs, on aura reconnu dans les mots de Johnny la parodie du « Eli, Eli, lama sabachthani? »

biblique. Ce qui nous renvoie à un second stéréotype généré par l'imagologie des deux continents. L'Européen, parce qu'en possession d'un passé aussi enrichissant que paralysant, a une parole palimpsestique. À la différence de l'Américain, il ne peut s'empêcher de citer lorsqu'il parle, il sait que son désespoir n'est en rien original. L'Américain, n'ayant pas de mémoire historique propre, jouit de l'illusion virginale : il croit être en mesure de créer son destin.

Pour revenir à la question de la foi des deux personnages ici étudiés, il me semble plus judicieux et autrement productif de procéder à une lecture civilisationnelle plutôt que purement religieuse de cette opposition. Je veux voir dans la foi de Rocky une métaphore de la foi en l'avenir d'un pays qui est en passe de devenir la seule super puissance planétaire, à l'orée des années 80. Les USA sont encore un empire en phase ascensionnelle lorsque *Rocky* est produit. D'ailleurs il est intéressant de remarquer que la série des *Rocky*, notamment dans son quatrième volet, deviendra de façon beaucoup plus explicite une allégorie géopolitique du dernier round de la guerre que se livrent les Etats-Unis et l'URSS. La perte de foi de Johnny, quant à elle, pourrait être l'image d'une Europe décadente, riche de son passé, mais désormais soumise au modèle américain triomphant. Le Londres inhumain de *Naked* est, ne l'oublions pas, celui légué par Thatcher, autrement dit un Londres qui a vendu son âme européenne à l'ultralibéralisme économique américain. La civilisation européenne n'est désormais plus incarnée par les villes qui ont pourtant été son berceau. Cette ville européenne de Londres ayant cessé d'être – autant sur le plan architectural que dans sa structure sémiotique vidée de son sens originel – une des incarnations les plus éclatantes de la civilisation européenne, cette civilisation ne subsiste plus que dans le discours, dans la brillante logorrhée désespérée de Johnny, qui garde la mémoire de la richesse intellectuelle de l'Europe, de sa spiritualité, de son passé, bref, de son essence. La ville n'est plus qu'une enveloppe postmoderne de pierres, de béton, de verre et de métal, désertée par l'esprit de l'Europe. C'est pourquoi Sophie, qui est revenue de son rêve londonien, propose à Johnny de retourner ensemble à leur Manchester natale, car comme le dit la chanson qu'elle lui susurre, « là-bas il pleut ». La pluie rend peut-être Manchester plus sombre, mais elle la rend aussi plus réelle, face à un Londres devenu étranger à son paysage naturel, presque abstrait.

Revenons un instant à Rocky, car pour être tout à fait juste envers ce film il faut dire que, à l'échelle américaine, certes, la première mouture de Rocky est plutôt un héros de gauche (un peu à la manière des héros de Steinbeck). On peut parler de trajet mythique dans le cas de Rocky, mais le film n'en est pas moins une fable sociale non dénuée d'un certain « esprit de gauche » – si l'on veut bien me permettre cette expression oxymorique qui trahit le fondement matérialiste du socialisme. En effet, le personnage, contrairement à ce qui va se passer dans les volets suivants de la saga, n'accède pas véritablement à la *réussite* telle que l'entend le mythe de l'*american dream*. Certes, on lui attribue une somme de 100 000 dollars pour le combat, mais l'esprit de lucre n'anime pas ce personnage encore pre-reaganien qui se contente sobrement de la dignité retrouvée et de l'amour d'Adrian en guise de récompense.

Le film se veut même, en réalité, un plaidoyer pour une idée de l'Amérique assez éloignée de l'idéal reaganien. Rappelons que l'action du film se situe à Philadelphie et non à New York ou Chicago. Philadelphie est le foyer originel de la démocratie américaine dans tout ce qu'elle a pu avoir d'admirable. C'est la ville de l'Amérique tocquevillienne tant louée de nos jours. Je ne reprendrai pas les éléments développés dans la première partie de ma conférence, mais je résumerai le propos en disant que Philadelphie est traditionnellement associée à la lutte pour l'abolition de l'esclavage, au respect des populations aborigènes, ainsi qu'à une certaine conception socialisante de la gestion des affaires publiques. Or, Rocky incarne Philadelphie dans le film, il la représente, face à un Apollo Creed qui, de son côté, semble le représentant de cette autre Amérique, ultralibérale, impérialiste et clinquante. Apollo porte le nom d'un Dieu solaire, ainsi que celui d'une des missions de la conquête spatiale américaine. Il débarque à Philadelphie en cynique. Non sans morgue, il choisit Rocky sur un catalogue de boxeurs de second rang et se moque du bicentenaire de la déclaration d'indépendance qui sert de prétexte au match. Le promoteur de matchs le félicite d'avoir eu l'idée de combattre contre un moins que rien car cela va donner à l'événement une portée allégorique. « C'est vachement américain », lui lance-t-il, en se rendant compte que le match va devenir une illustration du « chacun a sa chance en Amérique ». Apollo, impassible, rétorque : « Non. C'est vachement gambergé ». Lors de l'entrée en scène des combattants, l'opposition de style (et, partant, de sous-texte idéologique) est la même. Si Rocky pénètre dans l'enceinte dans son peignoir virginal, portant sur le dos le mot viande (il s'agit de l'inscription publicitaire de l'entreprise de son beau-frère), Apollo, lui, se déguise en George Washington et arrive emperruqué sur un bateau-char de carnaval d'où il jette de l'argent à la foule qui l'accueille. Il existe donc deux Amériques et Rocky se réclame de l'une d'entre elles, pas la pire. CQFD.

APPENDICE

La ville européenne est donc décadente et la carte postale déchirée des Houses of Parliament en est le symbole transparent dans *Naked*. Le *momentum* historique de l'Europe semble derrière elle, et la construction européenne n'y change rien pour l'instant (c'est en tout cas ce que révèle le cinéma européen le plus récent). Qu'en est-il de la ville américaine, aujourd'hui ? Elle semble en mesure de se régénérer à l'époque de la sortie du premier *Rocky* en salles. Depuis le 11 septembre 2001, cela a dû changer...

La ville dans la série *24 heures chrono* nous renseigne peut-être davantage que la production cinématographique assez passéiste[4] du Hollywood actuel sur le changement post 11 septembre : l'idéal américain survit, certes, il demeure formulable, mais c'est un idéal dont la face sombre est désormais visible, à vif comme une plaie béante. Le Los Angeles de la série la plus importante de la décennie en cours demeure, certes, une ville défendue au nom d'un idéal politique mais la fin justifie désormais tous les moyens, même les plus autodestructeurs. L'Amérique n'est peut-être pas encore décadente mais le ver – celui du cynisme – est dans le fruit. Si le cynisme s'exprime chez les Européens par le verbe (Johnny en est le parfait exemple), il s'exprime en Amérique par l'acte (cf. les actes de torture répétée accomplis par Jack Bauer dans la série pour sauver l'Amérique « démocratique »). Au point que la torture est en passe de se banaliser aux yeux des citoyens ainsi que de sa classe politique américaine, notamment sous l'influence de la série. Nous apprenions récemment – la nouvelle est du 7 février 2008 – que la CIA se réservait le droit d'utiliser le « waterboarding » (torture de la baignoire) en toute légalité, lorsque la gravité de la situation en justifie l'usage.

---

4   Ce passéisme peut d'ailleurs à son tour être lu comme un symptôme du malaise civilisationnel américain.

Villes européennes en mutation

Anne-Marie Autissier (Université de Paris 8)

Images saisissantes d'embouteillages urbains, garages flambant neufs, laveurs-chauffeurs de grosses cylindrées... Le réalisateur et écrivain indien Ruchir Joshi nous plonge dans un univers de « cercueils », tous ceux qui, chaque jour, nous « enferment » dans l'illusoire intimité de notre véhicule[1]. A l'heure où nous écrivons ces lignes, le groupe indien Tata vient d'ailleurs de mettre sur le marché la voiture « la moins chère du monde » – 1.600 euros –, une nouvelle venue pour mieux se mouvoir ou piaffer à l'arrêt dans les méandres métropolitains ?

Cette vision de New Delhi pourrait s'appliquer aux treize mégalopoles actuelles d'Asie, d'Afrique et d'Amérique, sortes de *continuums* urbains apparemment sans début ni fin, en réalité constitués de hiérarchies, de ruptures et d'exclusions. Les plus grandes villes européennes font figure de grosses bourgades face à ces monstres citadins, tout au moins en termes de population.

Pourtant, leur relative petite taille ne doit pas faire illusion. Paris, Londres, Madrid, Budapest sont dotées de « ceintures » étirées sur des kilomètres, dans lesquelles habitent – faute de mieux – des millions de personnes qui, chaque jour, pratiquent des heu-

---

[1] Cf. Joshi, R. (2006), *A Mercedes for Ashish*, court métrage, New Delhi.

res de transport pour se rendre à leur travail. Ainsi, la ville européenne comme ses homologues des autres continents, fabrique à première vue un agrégat de territoires anarchiquement reliés entre eux.

Comme l'écrivait Henri Lefebvre en 1968, l'objet du réel social a changé : de la production d'objets, l'on est passé à la production de l'espace lui-même[2]. Alors que l'empirisme économique a supplanté la science, le capitalisme s'est étendu en lui subordinant tout ce qui lui préexistait : nature, agriculture, sous-sol, domaines bâtis, centres historiques, loisirs, culture, urbanisation. De marginal, l'immobilier est devenu central, avec ses effets dérégulateurs. L'espace est ainsi artificiellement raréfié pour être mieux évalué. Il est devenu une marchandise, en termes d'échanges. La construction reste l'un des secteurs où les entreprises peuvent contenir la baisse du profit moyen. D'où le fait que, malgré les innovations techniques, la construction conserve une part énorme de capital variable – sa main d'œuvre.

1 « L'APRÈS-VILLE », UN MONDE DE PLUS EN PLUS PRIVATISÉ, TRAVERSÉ PAR DES FLUX

Pour le philosophe Olivier Mongin, les Européens sont entrés dans le monde de « l'après-ville »[3]. L'espace urbain perd du terrain au profit d'une métropolisation. Alors que la ville correspondait à une culture des limites, la voilà branchée sur un espace illimité, celui des flux et des réseaux, qu'elle ne contrôle pas. Il devient par conséquent difficile de se référer à une condition urbaine unique, tant les situations semblent disparates. La cité-centre, quant à elle, tend à se rétracter pour mieux se connecter avec le monde. Dans cette perspective, elle se coupe de sa périphérie immédiate.

---

2 Cf. Lefebvre (1968).
3 Mongin (2005), 129.

Si le souci de l'urbain et du paysage semblent de nouveau d'actualité en Europe, il va trop souvent de pair avec la fétichisation de lieux historiques, eux-mêmes « produits » comme une source de centralité rentable, pour en revenir aux catégories d'Henri Lefebvre. Or la question n'est pas de tant de figer l'attention des villes autour de leur histoire – fût-elle millénaire – mais d'évaluer dans quelle mesure le milieu urbain dans son ensemble peut permettre un lien entre le passé et le présent, ainsi qu'une circulation des idées, des savoirs, des opportunités et des stratégies.

Les temps festifs eux-mêmes s'accompagnent trop souvent d'une privatisation accrue, avec des événements réservés aux privilégiés de l'espace urbain « qui se contemplent dans le miroir de la ville classique et de son patrimoine »[4]. Même les lieux un temps marginalisés n'échappent pas à cette logique de marché. Ainsi du festival Malta à Poznan, qui a permis de réhabiliter un lac artificiel à quelques kilomètres du centre-ville, littéralement abandonné durant la période communiste. Malta avait placé ses premières éditions sous le signe de l'espace ouvert, avec des manifestations gratuites en plein air et, durant quelques années, le festival a contribué à rassembler pacifiquement des milliers de personnes autour de spectacles européens. Or, depuis le début des années 2000, Malta organise des événements payants dans des lieux fermés. Malgré les critiques suscitées par cette mutation, Juliusz Tyszka et Joanna Ostrowska constatent que l'appel du marché a été plus fort que celui du partage gratuit : « Les changements culturels ont affecté la perception de l'espace public urbain. Ce n'est plus un espace commun, une agora mais un espace *post-polis* et privatisé. [...] L'envie d'être ensemble s'est fanée au début des années 2000 ; ce qui a survécu, c'est le besoin de divertissement professionnel »[5]. C'est ce que les auteurs appellent la fin de la « transition polonaise »[6]. Les événements médiatisés ne peuvent suffire à créer le leurre de la ville comme espace pu-

---

4 Mongin (2005), 116.
5 Tyszka / Ostrowska (2008), 172.
6 Tyszka / Ostrowska (2008), 172.

blic, renchérit Olivier Mongin[7]. Plus souvent, la fragmentation et la privatisation des espaces urbains, ainsi que leur insuffisante connexion, génèrent chez les « oubliés » du développement urbain la sensation d'être assiégés et menacés dans leur existence même.

2 CITADELLES ASSIÉGÉES : LE CAS DE QUELQUES QUARTIERS FRANÇAIS

Il n'est pas indifférent que, lors des troubles de 2005 dans les banlieues françaises, les automobiles aient été saccagées. Dans un système social prétendument ouvert où l'acquisition de biens et la mobilité sont vantées comme des symboles de réussite, la réponse de ceux qui se sentent « cloués sur place » est de s'en prendre à ces symboles, si possible sous l'œil des médias. Ils font ainsi d'une pierre deux coups : ils s'attaquent aux outils de la modernité dont ils ne disposent pas et deviennent quelques instants « visibles » aux yeux de la majorité. Pour autant, cherchent-ils à contester l'ordre établi ? Rien n'est moins sûr. De 2000 à 2003, le sociologue Thomas Sauvadet a mené des enquêtes dans trois quartiers français – deux de Paris et un de Marseille – où le taux de chômage est de 30 à 50% pour les jeunes de moins de trente ans[8]. Il place ses investigations dans le contexte des années 1990 : recul de l'Etat providence, installation d'un chômage structurel, précarisation des contrats de travail, désyndicalisation et dépolitisation, concentration des plus pauvres dans des ensembles immobiliers dégradés, montée de la xénophobie, diffusion de la consommation et de la vente de stupéfiants. Le tout sur fond de provocations réciproques entre les forces de police

---

7   Mongin (2005), 241.
8   Cf. Sauvadet (2006).

et les jeunes, et ce depuis les années 1970. Alors que le passage au statut d'adulte s'est singulièrement compliqué du fait des problèmes d'emploi et de logement en particulier, les symboles de l'accession à l'âge adulte sont devenus imperceptibles. On assiste donc à une cohabitation familiale prolongée – parfois jusqu'à 35 ans – qui fabrique une condition de « vieux jeunes exaspérés », conformément à l'expression de Thomas Sauvadet[9]. Insistant sur la diversité de ces quartiers populaires, Sauvadet remarque que, dans les cités, l'espace véritablement public pour la plupart des jeunes, se résume à des lieux interstitiels dans un univers lui-même relativement fermé sur l'extérieur : pelouses, parkings, halls, cafés, centre social, maison des jeunes et de la culture, cages d'escalier, caves. Il est intéressant de noter que l'école ne fait pas partie de ces espaces désignés comme publics dans le sens « d'ouverts à tous », non plus que les lieux de culte, apparaissant, il est vrai, comme fragmentés en fonction des diverses appartenances confessionnelles. En tout état de cause, l'école, premier tremplin théorique vers de nouvelles opportunités sociales, n'est pas ici perçue comme remplissant cette fonction, fût-elle obligatoire et gratuite. Deuxième remarque : les lieux désignés comme publics sont en réalité perçus par les habitants comme d'ordre privé : lorsque ces derniers se plaignent des dégradations subies dans leur cage d'escalier, c'est certes au nom d'une collectivité mais aussi en fonction d'un légitime souci de confort individuel. Le premier affrontement apparaît donc entre les jeunes et les familles des cités, quant à ce qui relève du privé et du public, de l'appropriation et de la rencontre.

Dans sa description, Thomas Sauvadet insiste sur les « repliés » – les plus nombreux – ceux qui ne participent pas à la vie du quartier et cherchent au contraire à s'y rendre « invisibles » tant la cité représente pour eux un lieu de passage d'où l'on cherche à s'évader vers un monde meilleur. Il va de soi que ces jeunes ne s'impliquent pas dans la vie associative de leur quar-

---

9   Sauvadet (2006), 11.

tier[10]. Quant aux salariés – précaires ou non –, ils sont absents tout le jour durant. Il en résulte que certains jeunes – 100 sur 700 dans le quartier de Paris Sud –, qui passent de deux heures à toute la journée dans la rue de leur cité, en apparaissent comme les « seuls habitants ». Les adultes se sentent ainsi dépossédés de leur maîtrise sur leur propre environnement. Ces jeunes « muristes », selon la belle expression de l'artiste comique Fellag, viennent des familles les plus démunies, souvent entassées dans de petits appartements mal insonorisés. Leur pouvoir d'achat est très faible et l'enclavement physique des cités y favorise la proximité avec leurs pairs. Espace de décompression en cas d'affrontement avec leurs parents, la rue fonctionne aussi comme un lieu de mise en scène de leur propre identité de groupe. C'est aussi un endroit où « profiter de la vie » car l'avenir s'annonce menaçant[11]. Pour autant, cet espace n'est pas désorganisé. S'y mettent en place un ensemble d'obligations mutuelles, une économie du don, du contre-don, du crédit. Paradoxalement, le moteur de ces jeunes reste la réussite individuelle. L'implication dans le vol ou le trafic de drogue s'exerce comme une profession et dans un mimétisme avec les valeurs affichées de l'entreprise et du *business*. Dans le meilleur des cas, rappeurs et stylistes suscitent intérêt et font une carrière. Ainsi de Mohammed Dia qui a lancé sa propre marque vestimentaire de wear[12]. Les mêmes remarques s'appliquent par exemple au groupe de rap marseillais, IAM, très prisé des lycéens. L'enjeu de ces jeunes reste donc une réussite individuelle, non afin de renverser l'ordre établi, mais pour y trouver une place la plus conforme possible aux normes de prospérité construites par le système socio-économique.

---

10   Sauvadet (2006), 42.
11   Sauvadet (2006), 55.
12   Sa marque est distribuée dans 500 magasins en France et 250 aux Etats-Unis.

3 LA VILLE, VIVIER DE PRODUCTION IMMATÉRIELLE

Quelles solutions semblent à la mesure des défis ? Comme le faisait remarquer Henri Lefebvre, la métropolisation contemporaine appelle la coopération de toutes les sciences et de tous les acteurs potentiels – élus, anthropologues, sociologues, ingénieurs, médiateurs sociaux et culturels, urbanistes, architectes...

Les élites urbaines mondialisées oublient trop souvent qu'elles appartiennent au monde réel. Or, selon Olivier Mongin, la relation corporelle à un espace – quel qu'il soit – représente une valeur anthropologique fondamentale. « L'espace à l'échelle humaine et la double activité de ceux qui l'habitent, constituent notre patrimoine le plus précieux »[13].

Olivier Mongin prône donc une culture urbaine des limites. Retrouver ces limites signifie de passer par l'inscription dans un lieu et une réalité physique environnante. Le corps doit reconquérir une relation minimale à un environnement, à un réel, à un site. Il faut réunir ce qui a été séparé. Ainsi à Bologne, dans les années 1990, on a adopté pour la périphérie toutes les méthodes de revitalisation mises en œuvre au centre-ville.

Créer des limites signifie que l'extension urbaine se double de nouvelles entités municipales, noyaux d'appartenance et d'action collective. Parallèlement, la mesure essentielle est de faire s'entrecroiser anciennes et nouvelles entités. Plus que les lieux, ce sont les gens qui sont générateurs de ville. Il faut donc que les individus puissent accéder à l'ensemble des opportunités dont se prévaut la ville-centre – formation, transports, emploi, santé, sécurité. En outre, les fonctions urbaines ont changé : autrefois productrice de biens manufacturés, la ville est aujourd'hui source de richesses immatérielles. Elle devient un vivier.

Certains jeunes issus de quartiers populaires ont pressenti le rôle de cette production immatérielle – publicité, musique, jeux

---

13 F. Choay, cit. ds. Mongin (2005), 229.

vidéos, mode, design, expressions culturelles diverses, connaissances scientifiques. Les villes se doivent aujourd'hui de capter les compétences sociales nécessaires à ces nouveaux biens. Selon les mots d'Alain Bertho, les villes d'aujourd'hui doivent devenir des milieux créatifs, les élus et politiciens de ces collectivités en étant les « entrepreneurs »[14]. Sinon, comment expliquer que la Ville de Saint-Denis organise chaque année un prestigieux festival de musique alors que sa population est la plus pauvre d'Ile-de-France ? L'histoire de ce festival s'avère d'ailleurs exemplaire : à l'époque où Saint-Denis était encore une ville industrielle, la majorité de la population tournait le dos à sa basilique, haut lieu des Rois de France, et théâtre d'innovations architecturales majeures lors de son agrandissement en 1135–1144. Un certain nombre d'amateurs et de militants culturels ont pourtant décidé qu'il convenait de rendre tout son lustre à cet édifice en le restaurant et en en faisant un lieu de rendez-vous musical majeur. Aujourd'hui le festival s'appelle « Classique / Métis / Création » et il est ouvert à toutes les formes musicales. De même, au-delà de la mesure des recettes directes et indirectes générées par les festivals, un groupe de chercheurs britanniques a fait le constat de la « fierté civique » créée auprès des habitants, par l'existence d'un festival reconnu y compris quand ils n'y participent pas[15]. La présence d'un festival international, même dans une petite localité, ouvre le champ des possibles : « C'est le champ culturel, artistique ou créatif qui délimite l'espace de l'échange et non l'identité primordiale du territoire [...] »[16]. Ainsi la ville devient le nouveau collectif de travail, d'informations et de plaisir. « Même les espaces les plus stigmatisés par le reflux de la ville industrielle apparaissent alors comme de possibles gisements de créativité », conclut Alain Bertho[17].

---

14 Bertho (2008), 44–45.
15 Maughan (2008), 53.
16 Bertho (2008), 44
17 Bertho (2008), 48.

Au terme d'un périple qui l'a conduit dans dix villes européennes, Jean Hurstel, directeur de Banlieues d'Europe, réfléchissait à la possibilité de « faire ville » autrement et aux possibilités offertes par des actions culturelles collectives conçues conjointement par des habitants et des artistes[18]. Ainsi du Carnaval de Belfast ou Gabarage, initiative visant à faire travailler des jeunes en difficulté sur des objets récupérés avec des designers, dans le quartier de la Karlsplatz à Vienne.

> Loin de s'ériger en modèle surplombant de haut la cité, ces démarches impliquent toutes une participation active, un échange de paroles, dans lesquels une part plus ou moins importante de la population est engagée. En ce sens, elles constituent des forums démocratiques, des « ateliers urbains de base » qui permettent de remettre en mouvement une démocratie délibérative et de délégation en panne[19].

Désir de s'impliquer dans une cité, désir d'en partager les attentes et les conflits, les implications collectives et individuelles d'une nouvelle socialité urbaine sont considérables. En Europe, les villes se regroupent, elles échangent leurs expériences à travers des associations, des réseaux, elles s'engagent dans des stratégies de développement durable, à l'instar des cités partenaires de l'Agenda 21[20]. Les ingénieurs, les entrepreneurs, les chefs de

---

18 Hurstel (2006). Banlieues d'Europe est une association qui réunit des élus, des artistes, des médiateurs sociaux et culturels travaillant dans des quartiers déshérités de villes européennes : www.banlieues-europe.com
19 Hurstel (2006), 180.
20 Adopté au Sommet mondial de la Terre à Rio de Janeiro en 1992, l'Agenda 21 consigne l'engagement des villes sur 170 actions concrètes de développement durable. Certains cités membres ont créé un Agenda 21 pour la Culture dont le secrétariat se trouve à Barcelone. Voir aussi Eurocities, United Cities and Local Governments, les Rencontres, l'Union des villes baltiques etc.

projets en tout genre, les médiateurs culturels, scientifiques et sociaux sont les nouvelles figures de ces aventuriers urbains avec lesquels élus, urbanistes et architectes doivent dialoguer. A l'instar de Rem Koolhaas et Alvaro Siza, ces derniers savent bien que leur première tâche est désormais de contextualiser les conditions de leur intervention, de fabriquer du lien plus que du bâti, des passerelles plus que des monuments. A propos de la restructuration du Prado de Madrid, Siza déclarait en 2002 : « Il ne faut rien attendre de spectaculaire. C'est un travail d'observation et de patience pour créer un tout lisible et beau en termes d'usage urbain »[21]. De même, lors de la 7ème Biennale de Venise consacrée à l'architecture, son commissaire, Massimiliano Fuksas, insistait sur les nouvelles tâches dévolues aux architectes dans ce qu'il appelle « Magma City » : « Le modèle militaire de la ville (...) est en train de disparaître. Nous faisons tous partie du magma. Et nous nous posons des questions de début de siècle. [...] Nous devons apprendre à nous déplacer avec les flux. Et les architectes doivent en finir avec l'idéologie, la rigidité, le langage pour initiés »[22].

Avec les étudiants des filières « Politiques et gestion de la culture » et « Villes et gouvernance » de l'Institut d'études européennes de Paris 8, nous explorons ces nouveaux territoires de travail. Ainsi, trois étudiants de l'Institut, Marion Valentine, Raphaël Lardon et Claire Diraison sont en train de concevoir avec des urbanistes, des archéologues, des habitants, des étudiants de danse de l'Université de Paris 8 et des chorégraphes, des parcours de danse contemporaine à Saint-Denis, sur la base de réflexions et d'interrogations conjointes sur la cité, ce qu'elle représente aujourd'hui pour ceux qui y vivent, et sur la façon dont ce territoire peut être déchiffré et transcrit à travers des expressions artistiques[23]. De même, sous la houlette d'Alain Bertho, un Observatoire franco-brésilien a été créé pour scruter les évolutions sociales

---

21   Siza (2001), 28.
22   Cit. ds. Arasio (2001), 24.
23   Association « Rue de la danse ». Les chorégraphes associés sont Laurent Pichaud, Silvia Siriczman et Carmen Morais, également architecte.

dans les villes de périphérie et en tirer des enseignements croisés[24]. Ainsi, les professionnels de la nouvelle génération s'initient dores et déjà aux flux, reflux, replis et ruptures des collectivités urbaines. Il leur appartiendra de concrétiser l'étymologie du mot « urbanité ». Après tout, ce vocable ne signifie-t-il pas l'art de vivre ensemble ?

RÉFÉRENCES BIBLIOGRAPHIQUES

Arasio, E. (2001), « Bienvenue à Magma City », ds. *Culture Europe* 32, Dossier Architecture, 24 (extraits d'un article publié dans l'*Expresso*).

Bertho, A. (2008), « Lieux éphémères de la mondialisation culturelle », ds. A.-M. Autissier (coord.), *L'Europe des festivals. De Zagreb à Edimbourg, points de vue croisés*. Culture Europe International, Toulouse, 43–49.

Hurstel, J. (2006), *Réenchanter la ville*, Paris.

Lefebvre, H. (1968), *Le droit à la ville*, Paris.

Maughan, Ch. (2008), « L'impact économique et social des festivals : le cas des *East Midlands* », ds. A.-M. Autissier (coord.), *L'Europe des festivals. De Zagreb à Edimbourg, points de vue croisés*. Culture Europe International, Toulouse, 51–58.

Mongin, O. (2005), *La condition urbaine. La ville à l'heure de la mondialisation*, Paris.

Sauvadet, Th. (2006), *Jeunes dangereux, jeunes en danger*, Paris.

Siza, A. (2001), « L'équilibre urbain selon Alvaro Siza », ds. *Culture Europe* 37, Dossier « Patrimoine et multimédia », 28 (trad. d'extraits d'un article d'*El Pais*. Propos recueillis par M. Molina).

Tyszka, J. / Ostrowska, J. (2008), « De la polis à l'espace marchand : l'exemple du festival de Malta », ds. A.-M. Autissier (coord.), *L'Europe des festivals. De Zagreb à Edimbourg, points de vue croisés*. Culture Europe International, Toulouse, 163–171.

---

24 Université de Paris 8 (Institut d'études européennes), Université luthérienne du Brésil (Porto Alegre et Canoas), Plaine Commune, Ville de Nanterre, Etat do Rio Grande do Sul.

La métropole et l'avant-garde. Visualité et scripturalité dans *Nadja* d'André Breton

Christina Johanna Bischoff (Universität Paderborn)

Lorsque, vers la fin du récit de *Nadja*, le narrateur décide de se séparer de sa compagne, Nadja lui adresse un dernier adieu : « En me disant adieu, à Paris, elle ne put pourtant s'empêcher d'ajouter très bas que c'était impossible »[1]. Nadja a raison, puisque les deux vont se revoir plusieurs fois après cette rupture – une incohérence significative, comme nous allons voir. Cependant, ce qui nous intéresse pour le moment, c'est le fait que c'est à Paris que la scène a lieu, comme le texte le souligne. Ceci sans une nécessité particulière d'ailleurs : comme l'histoire entière s'y déroule, il est bien évident que les deux personnages s'y trouvent. Tout se passe comme si Breton, en se détournant de la poétologie élaborée pendant la fameuse « *époque des sommeils* »[2], où il suffisait de « faire abstraction du monde extérieur »[3] pour pouvoir à sa guise écouter « ce murmure qui se suffit à lui-même »[4], attachait

---

1 *Nadja*, Breton (1988), 718.
2 *Nadja*, Breton (1988), 661.
3 *Les Pas perdus*, Breton (1988), 274.
4 *Les Pas perdus*, Breton (1988), 275.

une importance primordiale à récupérer, dans le récit de *Nadja*, ce même monde extérieur. Ce n'est qu'à un premier abord que ce désir d'ancrage référentiel correspond à une sémantisation traditionnelle faisant de la ville une métaphore de la conscience subjective[5] : En effet, le Paris de *Nadja*, loin de se laisser réduire à un statut figuratif, s'avère être, au fur et à mesure que le récit avance, la scène par excellence de l'événement pur[6]. Faisant converger une altérité du monde et celle d'une conscience subjective, l'espace textuel constitue la matrice permettant d'élaborer, au seuil de la modernité, les dispositifs pour penser une subjectivité ‹nouvelle›.

On a souligné maintes fois les affinités qui font de la ville le ressort principal d'une telle conceptualisation. Depuis l'article paradigmatique *Die Großstädte und das Geistesleben* de Simmel, la ville passe pour être le lieu par excellence de la modernité[7]. En tant que telle, elle a été interprétée comme figuration, voire comme condition d'émergence d'une subjectivité moderne ; ne mentionnons que Reckwitz, qui, dans son étude prééminente, souligne que c'est la révolution des artefacts au début du XXe siècle qui, ayant lieu notamment dans les grandes villes, incite à une restructuration des domaines de la temporalité et de la spatialité, créant ainsi les conditions nécessaires à la genèse d'une subjectivité nouvelle dont le champ littéraire se ferait à la fois le créateur et le miroir critique. Cette subjectivité, voyant le jour sous le signe d'une crise du sujet bourgeois, est définie essentiellement comme négation, voire réfutation de ce dernier. Sa condition d'émergence étant la « compression du temps et de l'espace »[8] ayant lieu au début du XXe siècle, elle repose sur une réorganisation de la visua-

---

5   Le texte parle d'un « paysage mental » ; *Nadja*, Breton (1988), 749. Cf. à l'égard de cette fonctionnalisation de la ville en littérature Stierle (1993).
6   Cf. *Nadja*, Breton (1988), 658 ; 663.
7   Cf. Simmel (1995).
8   « Time-space-compression » ; Reckwitz (2006), 278, citant Harvey (1989).

lité : si le sujet bourgeois est ancré dans les conditions offertes par une culture scripturale, le sujet avant-gardiste, par contre, se voit mis en scène, en littérature, comme le récepteur pur d'impressions fragmentaires et discontinues.

Si ce modèle explique des traits considérés comme essentiels à l'écriture avant-gardiste – comme par exemple la « multiplication quasi-esthétique », la « superposition ludique » et la « fragmentation » des formes de perception et d'expérience vécue qui marquent de leur empreinte de nombreux écrits avant-gardistes[9] –, il ne rend néanmoins pas compte de l'aspect particulier qu'acquiert au sein de cette écriture l'élaboration narrative de la nouvelle subjectivité. Or, cette dernière est loin de l'univocité suggérée par Reckwitz ; ainsi, pour prendre l'exemple du texte étudié ici, le récit de *Nadja* est moins l'élaboration d'un sujet avant-gardiste que le lieu d'une réflexion sur l'impossibilité de ce même sujet. La visualité, trait par excellence censé distinguer le sujet avant-gardiste, est mise en jeu dans ce récit qui, en tant que lieu de dialogue entre scripturalité et visualité, s'avère être le lieu d'une mise en scène et d'une mise en abyme des apories de la nouvelle subjectivité.

L'analyse qui suit se propose de retracer ce dialogue. Ce faisant, elle s'inscrit dans la lignée des études qui ont souligné les contradictions profondes sous-jacentes aux mouvements avant-gardistes, déchirés entre l'aspiration vers l'autonomie du champ esthétique et celle, contraire, vers la réintégration de ce dernier dans le domaine politique[10]. Elle adopte une perspective sémiologique, cherchant les conceptions du signe inhérentes à la mo-

---

9   Cf. Reckwitz (2006), 279.
10 Ces contradictions, on le sait bien, marquent de leur empreinte aussi bien les conceptions poétologiques que les réflexions sur la subjectivité élaborées par les avant-gardes ; cf., à ce propos, notamment Bürger (1998), 158–170 ; Bürger (1974) ; Warning (1982) ; Plumpe (1995) ; Ehrlicher (2001). Analysant l'œuvre de Breton, Gerd Hötter ramène ces contradictions au dénominateur commun d'une écriture cryptogrammatique qui, en tant que déconstruction avant la lettre, réunirait les

délisation de la subjectivité avant-gardiste. Une telle perspective a été proposée, de manière explicite ou implicite, maintes fois. C'est notamment Warning qui a mis en lumière, en Allemagne, le caractère rétrograde de la conception du signe chez les surréalistes, et surtout chez Breton, qui, tout en soulignant l'aspect innovateur de son œuvre, renoue avec des tendances romantiques qui visent à une totalisation du monde sous le signe de la poésie. En préconisant l'immédiateté de la parole poétique, les surréalistes réclameraient une authenticité qui, par l'élaboration rhétorique même de leurs textes, se verrait remise en cause. C'est ainsi qu'ils maintiennent le signifié transcendantal et, du même coup, la conviction profonde d'une réconciliation possible du monde et du signe dans le mot poétique[11]. Cette lecture, tout en proposant un critère univoque pour déterminer l'appartenance du surréalisme à la modernité poétique, néglige cependant le fait que la sémiologie des surréalistes s'articule moins sur la parole que sur l'écriture poétique – fait qui, d'ailleurs, ne peut guère surprendre, compte tenu de ce que le mouvement avant-gardiste se constitue à l'encontre d'une hégémonie culturelle profondément marquée, sinon déterminée par la scripturalité. Se détournant du modèle bourgeois d'une subjectivité souveraine, dont les ressorts résident dans une scripturalité considérée comme cristallisation de la raison, il met en jeu un sujet défini par sa capacité de gérer les multiples stimulations offertes par son environnement[12]. Préférant la visualité face à la scripturalité, il valorise le côté matériel de l'écriture, sans pour autant parvenir à une abjection totale de

---

tendances d'un désir métaphysique de totalité et d'un désir contraire d'auto-subversion ; cf. Hötter (1990).
11 Cf. Warning (1982), 515. Cette estimation rejoint celle de Barthes qui, dans *La mort de l'auteur*, souligne le fait que le surréalisme, dans son effort pour subvertir le code langagier, doit nécessairement méconnaître l'autonomie de ce dernier face au scripteur. Barthes, lui aussi, relègue le mouvement à une « préhistoire de la modernité » ; cf. Barthes (1984), 63.
12 Cf., à propos de cette distinction, Reckwitz (2006), 279.

l'écriture, dont le statut fondateur de sens s'impose. C'est sur ce paradoxe que les tentatives bretoniennes pour définir un modèle avant-gardiste du signe poétique se concentrent, en réfléchissant moins sur la différence qui sépare les signes de leurs référents que sur les processus sémiotiques permettant, sur l'arrière-fond d'une perte irrémédiable d'ancrage référentiel, une réélaboration de signification.

1 LA LISIBILITÉ DE LA VILLE. WALTER BENJAMIN ET L'AVANT-GARDE

C'est Walter Benjamin qui a esquissé, dans son article *Der Sürrealismus*, les contours de cette conception sémiologique particulière au surréalisme. L'« illumination profane » (‹profane Erleuchtung›), une expérience de sens sur l'arrière-fond d'une perte de garanties métaphysiques, y est donnée comme le ressort principal du projet surréaliste. Dans le cadre de cet article, les réflexions sur cette expérience restent, certes, cryptiques[13]. Pour s'approcher de ce concept, il convient de retracer, dans les grandes lignes, son ancrage dans un ensemble plus vaste de l'œuvre benjaminienne. La lisibilité, on le sait bien, y est d'un intérêt majeur[14]. Si les

---

13   Le seul passage qui s'approche un tant soit peu d'une définition de l'illumination profane est le suivant : « Der Leser, der Denkende [...] der Flaneur sind ebensowohl Typen des Erleuchteten wie der Opiumesser, der Träumer, der Berauschte. Und sind profanere. Ganz zu schweigen von jener fürchterlichsten Droge – uns selbst –, die wir in der Einsamkeit zu uns nehmen » ; Benjamin (1991b), 308 (« Le lecteur, le penseur [...], le flâneur sont des illuminés, comme le mangeur d'opium, le rêveur, l'ivrogne. Mais des illuminés plus profanes. Pour ne pas parler de la drogue la plus horrible – celle que nous nous sommes à nous-mêmes –, que nous prenons dans la solitude » ; trad. CJB).
14   Cf., à ce propos, Menke (1991), Stierle (1993), Stierle (1984), Wagner-Egelhaaf (1997), 175–195. Le chapitre qui suit est une synthèse d'un

écrits de jeunesse laissent déjà deviner un intérêt marqué pour l'acte de lire, c'est dans le *Livre des Passages* qu'il se voit élevé au rang d'un principe méthodologique : il s'y agit, pour Benjamin, de transférer l'idée d'une lisibilité du monde à l'étude de la ville et, de là, au domaine de la culturologie[15]. Or, ce transfert ne s'effectue pas sans ruptures. De fait, en appliquant la métaphore du livre de la nature au domaine de la culture, Benjamin jette une lumière nouvelle sur une illisibilité dans le lisible. Les bases de cette conception se trouvent dans le livre sur l'origine du drame baroque allemand, *Ursprung des deutschen Trauerspiels*[16], dont la préface constate, pour l'âge baroque, une conscience spécifique du temps constituant le fondement d'une sémiologie implicite de cette époque : sur l'arrière-fond d'une destruction de l'eschatologie, l'Histoire y est perçue comme une succession d'événements contingents ; c'est alors qu'une temporalité entendue comme mortalité met en lumière le caractère éphémère des choses et désavoue toute tentative de fonder une signification *in re*. Le sens, loin d'être nécessaire aux objets, s'avère leur être supplémentaire. Or, ce caractère supplémentaire n'implique en rien l'absence de toute signification ; bien au contraire, l'âge baroque se caractérise, selon Benjamin, par une prolifération de signes qui, par leur abondance même, mettent en lumière l'absence de toute garantie métaphysique. Sous ces conditions la physis est ramenée au statut de matière signifiante – mais de matière qui ne signifie rien d'autre que l'échec de la signification. Échec qui, on le voit, est porteur de sens : si une profondeur cachée se laisse dégager des phénomènes de surface, c'est que cette profondeur est inscrite à la surface même des phénomènes.

Sans entrer dans les détails, on peut constater que c'est cette conception qui constitue le centre logique aussi bien des réflexions

---

article consacré au concept de la lisibilité chez Benjamin, paru dans *SymCity* 1 (2007).
15   Cf. Benjamin (1991c) ; Benjamin (2002), 481.
16   Cf. Benjamin (1991a).

benjaminiennes sur la méthodologie du *Livre des Passages* – la fameuse « image dialectique »[17] en dérive – que de la notion d'« illumination profane ». Cependant, si les deux notions reflètent un effort de repenser la lisibilité pour en faire la base méthodologique du *Livre des Passages*, l'estimation du surréalisme, de la part de Benjamin, n'est pas sans réserves. Même s'il concède que ce soit le mouvement le plus avancé sur le chemin conduisant à une subversion de l'ordre bourgeois, il n'en déplore pas moins, chez ses membres, une absence de réflexion critique[18]. Ainsi, cherchant à délimiter son travail d'historien des réflexions surréalistes, il note dans le *Livre des Passages* :

> Während Aragon im Traumbereiche beharrt, soll hier die Konstellation des Erwachens gefunden werden. Während bei Aragon ein impressionistisches Element bleibt – die ‹Mythologie› – und dieser Impressionismus ist für die vielen gestaltlosen Philosopheme des Buches verantwortlich zu machen – geht es hier um Auflösung der ‹Mythologie› in den Geschichtsraum[19].

Selon Benjamin, les surréalistes, tout en s'adonnant à l'expérience extatique de l'illumination profane, n'en restent pas moins dans le domaine de la fantasmagorie ; leur « révolte » contre l'ordre bourgeois ne se transforme pas en « révolution »[20]. Capables

---

17 Benjamin (1991c), 577 [N 2a,3] ; Benjamin (2002), 478.
18 Cf. Benjamin (1991b), 297–298.
19 Benjamin (1991c), 571–572 [N 1,9] (« Délimitation de la tendance de ce travail par rapport à Aragon: tandis qu'Aragon persiste à rester dans le domaine du rêve, il importe ici de trouver la constellation du réveil. Tandis qu'un élément impressionniste – la «mythologie» – demeure chez Aragon et que cet impressionnisme doit être considéré comme responsable des nombreux philosophèmes informes du livre, il s'agit ici de dissoudre la «mythologie» dans l'espace de l'histoire. Cela ne peut se faire, il est vrai, que par le réveil d'un savoir non encore conscient du passé » ; Benjamin (2002), 474.
20 Benjamin (1991b), 307.

d'envisager l'écroulement de l'ordre bourgeois, ils ne sont cependant pas en mesure de penser un ordre distinct.

Il n'est pas surprenant que les réflexions de Benjamin n'aient connu une réception plus vaste qu'après que Derrida, dans les années 60, a mis en lumière le caractère profondément perturbateur des signes graphiques au sein d'un collectif organisé selon les lois discursives du logocentrisme. Dans le cadre de l'analyse proposée ici leur attrait, au-delà des références directes au surréalisme, réside dans le fait que, ne prenant pas la langue parlée, mais l'écriture comme paradigme du langage, elles portent non sur une différence qui sépare le monde des choses du monde des signes, mais sur ce qui, sur l'arrière-fond d'une rupture irréparable entre les signes et leurs référents, rend possible l'acte sémiotique. Loin du concept d'une lisibilité totale – sans résidu ni opacité –, tel qu'il a été préconisé au XIXe siècle, elles élaborent le modèle d'une lisibilité basée sur une illisibilité fondatrice qui, tout en rendant possible la lecture du monde et des textes, inscrit un index temporel à ces lectures en mettant en lumière leur caractère nécessairement provisoire.

2 PROXIMITÉ PHYSIQUE, ÉLOIGNEMENT SPIRITUEL. FIGURES DE LA LISIBILITÉ DANS *NADJA*

Prenant pour base les réflexions benjaminiennes, il est aisé de constater que le récit de *Nadja* s'inscrit dans une logique du signe graphique plutôt que du signe oral : faisant des événements racontés un « cryptogramme » « demand[ant] à être déchiffré[] »[21], le texte met en avant un parallélisme onto-sémiotique fondé sur l'écriture. *Nadja* est le récit d'une rencontre fortuite, promise

---

21 Breton (1988), 716.

depuis longtemps, semble-t-il, par les rues de Paris[22] ; or, cette rencontre n'est qu'un exemple de toute une série d'événements pareils qui parsèment le récit : en lisant *Nadja*, le lecteur se voit confronté sans cesse à des coïncidences révélant après coup un sens caché. C'est ainsi que la rencontre d'un jeune homme inconnu s'avère être un signe annonciateur d'Eluard, l'ami futur ; qu'un poème de Rimbaud prépare la rencontre d'une jeune femme admiratrice de Rimbaud ; que des colombes mortes préfigurent la folie de Nadja ; que la chute d'un avion fait écho à la fin des relations amoureuses avec Nadja. Etablissant une relation significative entre les événements racontés, le texte se présente comme un récit de « rapprochements soudains », de « pétrifiantes coïncidences » et de « reflexes primant tout autre essor mental »[23] qui, sous une perspective sémiologique, présentent le monde comme un ensemble de signes énigmatiques : « Il s'agit de faits qui [...] présentent chaque fois toutes les apparences d'un signal, sans qu'on puisse dire au juste de quel signal »[24]. Séparant la matière signifiante d'un sens à déchiffrer, le texte conçoit la relation entre le sujet et le monde comme un acte de déchiffrement. Le caractère problématique de cet acte est bien mis en lumière : La lisibilité du monde est une lisibilité menacée, non par l'absence de signes mais plutôt par leur prolifération. Le fait que virtuellement tout est signe interdit au narrateur d'accéder à un sens latent caché sous la matière signifiante.

---

22 Une citation prise dans *Les pas perdus* se lit comme un commentaire sur cet aspect du récit de Nadja : « La rue, que je croyais capable de livrer à ma vie ses surprenants détours, la rue avec ses inquiétudes et ses regards, était mon véritable élément : j'y prenais comme nulle part le vent de l'éventuel. / Chaque nuit, je laissais grande ouverte la porte de la chambre que j'occupais à l'hôtel dans l'espoir de m'éveiller enfin au côté d'une compagne que je n'eusse pas choisie. Plus tard seulement, j'ai craint qu'à leur tour la rue et cette inconnue me fixassent »; *Les Pas perdus*, Breton (1988), 196.
23 Breton (1988), 651.
24 Breton (1988), 652.

C'est le personnage de Nadja qui figure ce statut significatif du monde textuel. Modélisée sur l'exemple de la passante de Baudelaire, cette femme, véritable allégorie de la rue, encode l'événement pur dont la rue se porte garant, représentant aussi bien la contingence que la force figurative de l'imaginaire. En parlant d'une rencontre avec Nadja, le narrateur souligne ce statut ambivalent du personnage : « Nous déambulons par les rues, l'un près de l'autre, mais très séparément »[25]. Proximité physique, éloignement spirituel : cette formule forgée par Simmel pour décrire le concept de l' « étranger »[26] peut nous servir pour rendre compte des ambivalences de Nadja et, du même coup, de la lisibilité figurée par elle. Un dessin représentant Nadja et le narrateur met en lumière cet aspect :

> Le dessin, daté du 18 novembre 1926, comporte un portrait symbolique d'elle et de moi : la sirène, sous la forme de laquelle elle se voyait toujours [...], tient à la main un rouleau de papier ; le monstre aux yeux fulgurants surgit d'une sorte de vase à tête d'aigle, rempli de plumes qui figurent les idées[27].

Le monstre et la sirène se tiennent par la queue réciproquement, la sirène tournant le dos au monstre, figurant ainsi la proximité physique unie à l'éloignement spirituel. Le rouleau de papier présente cette figure comme une figure de la lisibilité ; serré dans la main de la sirène, il est prometteur d'un sens patent qui cependant reste indéchiffrable, mettant en lumière une illisibilité latente dont Nadja fait figure.

On peut rapprocher le désir de lisibilité qui traverse le récit d'une figure de pensée dont le caractère incontournable au sein de l'épistémè moderne a été mise en lumière par Foucault :

---

25 Breton (1988), 710.
26 Cf. Simmel (1992).
27 Breton (1988), 721.

Si l'homme, « dès qu'il pense, ne se dévoile à ses propres yeux que sous la forme d'un être qui est déjà [...], en une irréductible antériorité, un vivant, un instrument de production, un véhicule pour des mots qui lui préexistent »[28], la question s'impose de savoir comment l'homme pourrait penser malgré tout cet impensable fondateur. L'« étendue sablonneuse de la non-pensée », l'« existence muette » semblent « prête[s] [...] à parler et comme toute traversée[s] secrètement d'un discours virtuel »[29]. Tel désir de communicabilité est cependant en contradiction latente, chez Breton, avec une autre conception qui, résultant d'une révision critique de la scripturalité bourgeoise, fait de l'écriture le lieu d'une mortification du sujet et du monde. Cette contradiction, bien qu'elle reste implicite, donne naissance, dans le texte de Breton, à deux mouvements complémentaires : la visualité devient le lieu d'une sémantisation comparable aux habitudes de la culture scripturale ; la scripturalité, par contre, devient le lieu d'une dispersion du sens.

3 VOIR ET LIRE

C'est la relation établie entre le texte et les images qui, mettant en scène les « frottements »[30] entre la perception du monde extérieur et son appropriation subjective, contribue à rendre explicite cet aspect. On a souvent souligné l'importance des éléments visuels dans le récit de Nadja[31]. Il est évident que ces éléments sont loin d'être des compléments purs et simples, comme le suggère

---

28   Foucault (1966), 324.
29   Foucault (1966), 333/334.
30   Le terme est employé, chez Breton, pour désigner les frictions s'effectuant entre la réflexion et le fait brut auquel ces réflexions s'attachent ; cf. Hötter (1990), 41.
31   Cf. l'étude minutieuse de Jean Arrouye : Arrouye (1982).

l'avant-propos lorsqu'il parle d'« illustrations »[32], censées suppléer aux descriptions, jugées, elles, futiles dès le *Premier manifeste du surréalisme*. Au contraire, la plupart des images ajoutées au récit de Nadja s'inscrivent dans le projet avant-gardiste de concevoir une subjectivité nouvelle et définie essentiellement comme réceptivité. C'est ainsi que les symétries et les éléments ornementaux qui marquent un grand nombre des photos[33] mettent en avant une esthétisation du visible en lui conférant une dimension sensuelle qui fait défaut à la parole écrite. Ce faisant, ils ne contribuent cependant pas peu à faire des images les indices d'un désir de la forme, voire, se rapprochant des signes graphiques, d'un désir de lisibilité. Il est évident d'ailleurs que l'esthétisation comporte un surplus sémantique qui incite le lecteur à un travail de déchiffrement, effort stimulé maintes fois par le texte lui-même qui souligne, d'une manière ostentatoire, l'écart qui sépare l'écriture et l'image[34] : les photos sont un dispositif central pour mettre en œuvre, chez le lecteur, un acte de lecture calqué sur celui auquel e narrateur s'adonne pendant son parcours parisien. Les réflexions sur l'illisibilité n'y font pas défaut. De fait, de nombreuses photos en font un thème quand ils montrent une écriture cachée

---

32 Breton (1988), 645.
33 Cf. notamment Breton (1988), 654, 655, 659, 662, 664, 665, 692, 694, 696.
34 Cf. les commentaires sur une photo de Robert Desnos, prise pendant « l'époque des sommeils », qui soulignent l'écart entre une perspective extérieure reproduite par les photos et une perspective intérieure invisible : « Et Desnos continue à voir ce que je ne vois pas » ; écart approfondi quand le narrateur exprime le vœu de ce que « l'un de ceux qui ont assisté [...][ait pris] la peine de les [sc. les séances] décrire avec précision » ; Breton (1988), 661. Cf. aussi les remarques sur un demi-cylindre irrégulier acheté au marché de puces et dont la description insuffisante, rendue visible par la possibilité conférée par la photo de comparer l'écriture à l'image, met en avant son statut de supplément face à l'objet dont le narrateur souligne que, même s'il finit par « admettre qu'il ne correspond qu'à [une] statistique », ce constat « ne le [lui] rend pas plus lisible » ; Breton (1988), 676.

ou bien en voie de disparition[35]. Le texte se montre comme une reproduction d'une vie « cryptogramme »[36], dont les images sont à la fois la mise en scène et la mise en abyme.

Si les photos inscrivent une dimension méta-poétique au récit, ce sont les dessins de Nadja, joints aux explications données dans le texte, qui s'avèrent être de véritables abrégés de l'acte de lire. Ainsi l'élaboration de *La fleur des amants* met en abyme l'acte sémiotique :

> Nadja a inventé pour moi une fleur merveilleuse : « la Fleur des amants ». C'est au cours d'un déjeuner à la campagne que cette fleur lui apparut et que je la vis avec une grande inhabilité essayer de la reproduire. Elle y revint à plusieurs reprises par la suite pour améliorer le dessin et donner aux deux regards une expression différente. C'est essentiellement sous ce signe que doit être placé le temps que nous passâmes ensemble et il demeure le symbole graphique qui a donné à Nadja la clef de tous les autres[37].

Ce morceau évoque un célèbre passage dans *Crise de vers* de Mallarmé :

> Je dis : une fleur ! et, hors de l'oubli où ma voix relègue aucun contour, en tant que quelque chose d'autre que les calices sus, musicalement se lève, idée même et suave, l'absente de tous bouquets[38].

Si chez Mallarmé c'est la parole poétique qui évoque le concept, chez Breton, inversement, c'est le concept, figuré par l'apparition,

---

[35] Cf., p.ex., Breton (1988), 654 : « Maison Henr[...]e Borniol » ; « Hôtel des grands hommes ».
[36] Breton (1988), 716.
[37] Breton (1988), 719–720.
[38] Mallarmé (2003), 213.

qui cherche un signifiant adéquat. Cette recherche est loin de la suavité avec laquelle se lève l'absente de tous bouquets : C'est avec grande peine que Nadja réussit, tant bien que mal, à concevoir une matière signifiante qui corresponde à ses besoins. D'ailleurs elle « y revint à plusieurs reprises par la suite pour améliorer le dessin », montrant ainsi que le travail de signification n'est nullement achevé. Forgeant un symbole qui n'atteint pas la signification recherchée, *La fleur des amants* met en scène l'échec de l'acte sémiotique. Vu sous ce jour, il est significatif que c'est cette même « fleur des amants » qui deviendra le symbole du temps commun, plaçant ainsi les événements racontés sous le signe de l'illisibilité.

On est tenté de mettre en relation cette conception avec celle de Benjamin, tel qu'elle est esquissée dans les écrits tardifs. Cependant il convient de souligner une différence qui sépare l'œuvre de Breton de celle de Benjamin. Lorsque Breton évoque une illisibilité dans le lisible, cette illisibilité n'est pas fondé sur l'acte de lire, mais plutôt sur une incapacité du déchiffreur, qui s'avère ne pas être en mesure de dégager le sens inscrit dans le monde physique. De là résulte toute une série de divergences avec Benjamin : si Benjamin renonce au signifié transcendantal en faveur de l'illumination profane, Breton insiste sur un sens latent caché sous les signes du monde ; si Benjamin dégage un index temporel de la vérité que révèle l'acte de lire, Breton insiste sur le caractère atemporel du sens recherché ; si Benjamin fait de l'illisibilité le principe fondateur de la potentialité du sens, Breton insiste sur le caractère accessoire de cette illisibilité. C'est ainsi que les réflexions sur la lisibilité, chez Breton, semblent nous conduire à une conception pré-moderne de l'écriture, qui, malgré le fait qu'elle réfléchisse sur la nécessité de rupture en tant que condition préalable à l'acte sémiotique, déclare sa conviction profonde d'une réconciliation possible entre le monde et le signe.

Cependant le texte ne se limite pas à exposer un tel modèle de la lisibilité. De fait, il dispose de toute une série de mises en abyme conceptualisant l'acte de lire comme un acte sémiotique infini auquel l'illisibilité est inhérente non de manière accessoire, mais en tant que potentialité créatrice de sens. Ce sont à nouveau les dessins de Nadja qui, inclus dans l'œuvre, mettent en scène cet aspect.

Si la *Fleur des Amants* met en lumière l'échec de l'acte sémiotique, *L'attente, l'envie, l'amour et l'argent*, au contraire, fait voir les conditions dans lesquelles ce dernier a effectivement lieu. Rassemblant des éléments picturaux – un masque, un sac, un crochet, un cœur et une étoile – et des mots qui leur correspondent – ‹l'attente›, ‹l'envie›, ‹l'amour› et ‹l'argent› –, ce dessin est visiblement une mise en abyme du clivage séparant la matérialité signifiante de sa signification et du caractère arbitraire de leur coordination. Malgré cela, le dessin, contrairement à la fleur des amants, figure un acte sémiotique réussi. Or, « ce qui, pour Nadja, fait l'intérêt principal de la page, [...] est la forme calligraphique des L »[39]. Si c'est la matérialité signifiante qui fait l'intérêt principal de la page, le sens qu'elle révèle est relégué au second plan. Loin d'être le *telos* de la recherche subjective, il devient un élément secondaire par rapport à l'acte sémiologique.

Si ce dessin valorise le signifiant par rapport au signifié, un dernier dessin va jusqu'à la substitution du signifié par une infinité de lectures possibles d'un même signifiant, faisant de l'illisibilité le principe fondateur du lisible :

> Le dessin en forme de casque [...] répond[] au goût de chercher dans les ramages d'une étoffe, dans les nœuds du bois, dans les lézardes des vieux murs, des silhouettes qu'on parvient aisément à voir. Dans celui-ci on distingue sans peine le visage du Diable, une tête de femme dont un oiseau vient becqueter les lèvres, la chevelure, le torse et la queue d'une sirène vue de dos, une tête d'éléphant, une otarie, le visage d'une autre femme, un serpent, plusieurs autres serpents, un cœur, une sorte de tête de bœuf ou de buffle, les bran-

---

39 Breton (1988), 710.

ches de l'arbre du bien et du mal et une vingtaine d'autres éléments que la reproduction laisse un peu de côté mais qui font un vrai bouclier d'Achille[40].

Bien sûr, on peut supposer qu'Héphaïstos procèderait d'une manière différente à celle de Nadja ; et que sur son bouclier apparaîtraient, bien distinctement, les étoiles, la mer, les villes, les êtres humains, bref : le monde dans sa totalité, sans que les éléments se confondent. Le monde de Nadja, par contre, est un monde où les distinctions claires disparaissent – souvenons-nous des difficultés qu'elle a eues en dessinant la « Fleur des amants » et en essayant de donner aux regards deux expressions différentes. Cette incapacité de distinctions claires, à laquelle correspond, de la part du lecteur, une multitude de relations possibles que l'œil établit entre la figure et le fond, font du dessin un ensemble ouvert à de multiples lectures. L'acte de lire est ainsi donné comme un acte d'interprétation infiniment ouvert, actualisant un sens différent dépendant de chaque lecteur. A l'inverse, le texte accompagnant le dessin semble remettre en cause cette lecture. En énumérant les détails du dessin, il arrive à discerner les éléments imbriqués les uns dans les autres, créant ainsi un ordre scriptural là où l'ordre du visuel ne parvenait à rendre compte que d'une complexité qui se dérobe à l'œil nu. Cependant, vue de plus près, cette énumération, elle aussi, expose de manière ostentatoire son caractère lacunaire, lorsqu'elle parle « d'un serpent », en se corrigeant immédiatement « plusieurs autres serpents » ; son caractère subjectif, en parlant de « l'arbre du bien et du mal » là où n'est visible qu'un arbre, tout simplement ; et son caractère supplémentaire, en mentionnant d' « autres éléments que la reproduction laisse un peu de côté ».

On pourrait multiplier les exemples qui font des dessins les interlocuteurs critiques de l'écriture et de Nadja le détenteur d'un

---

40 Breton (1988), 721.

pouvoir d'interprétation et de codification du monde[41]. Le récit de *Nadja* raconte une excursion dans un monde de signes. Le paradigme sous-jacent à cette modélisation est celui de l'écriture : le monde évoqué est un monde de signes graphiques, prometteurs de sens et, partant, lieux d'une médiation paradoxale entre matérialité patente et signification latente, où l'illisibilité, soit en tant que menace latente à l'acte sémiotique, soit en tant que potentialité de sens, a sa place. Les réflexions sur l'acte de lire mettent en lumière que ce qui a été décrit comme le caractère rétrograde du surréalisme surgit d'une réflexion sémiologique portant non sur la parole, mais sur l'écriture, et non sur l'écart qui se creuse entre le signe et le référent, mais sur les dispositifs subjectifs qui rendent possible, sur l'arrière-fond de cette perte, une restitution du sens.

4 LE RETOUR DU SIGNIFIÉ TRANSCENDANTAL

Vers la fin du récit, le narrateur constate la fin de ses errances en s'adressant à un *tu* qui y aurait mis fin :

> Sans le faire exprès, tu t'es substituée aux formes qui m'étaient les plus familières, ainsi qu'à plusieurs figures de mon pressentiment. Nadja était de ces dernières [...].

---

41 Dans le cadre de cet article, nous ne pouvons qu'indiquer le caractère atypique, dans le cadre du mouvement surréaliste, de cette modélisation d'un auteur féminin. La question de savoir dans quelle mesure la déconstruction de l'opposition entre l'ordre scriptural et l'ordre pictural mise en scène dans *Nadja* implique une déconstruction correspondante de l'opposition entre un ordre masculin et un ordre féminin ne peut pas été traitée de manière exhaustive. Cf., à l'égard de l'image de la femme dans le surréalisme, Lampe (2001) ; à l'égard de la masculinité des figures d'auteur proposées par les surréalistes Ehrlicher (2001), 5.

> Tout ce que je sais est que cette substitution de personnes s'arrête à toi, parce que rien ne t'est substituable, et que pour moi c'était de toute éternité devant toi que devait prendre fin cette succession d'énigmes.
> Tu n'es pas une énigme pour moi [...][42].

On ne pourrait pas proclamer d'une manière plus explicite le retour du signifié transcendantal. Le texte affirme la récupération d'une immédiateté, tout en mettant fin aux successions de « formes » et de « figures », à la matérialité signifiante et aux énigmes qu'elle comporte, aux révélations soudaines dues à l'acte de lire, à l'illisibilité, enfin, en tant que potentialité de l'acte sémiotique. Restituant le pouvoir évocatoire de la parole, il constate qu'« il n'était peut-être pas très nécessaire que ce livre existât »[43], confirmant ainsi la thèse des tendances « totalisatrices » du surréalisme[44]. La réclusion de Nadja semble en être la figure lancinante : substituant la structure paradoxale d'une proximité physique et d'un éloignement spirituel par un éloignement aussi bien physique que spirituel, cet acte revient à figurer une réduction métaphysique de la différance[45].

Dans le cadre de cet article, il est impossible de discuter exhaustivement la question, cruciale pourtant, de savoir dans quelle mesure le récit de Breton comporte un refus définitif du signifié transcendantal. La fin du récit soulève au moins des doutes par rapport à cette question. Or, il convient de signaler quelques aspects qui atténuent l'impression d'une péripétie effectivement rétrograde. Tout d'abord il faut souligner que le personnage de Nadja n'est pas seulement une « figure d[u] pressentiment », une « substitution » et une figuration de l'acte de lecture. De fait, dès le début elle est donnée comme une figure du narrateur lui-même.

---

42 Breton (1988), 751–752.
43 Breton (1988), 752.
44 Cf. Warning (1982).
45 Cf., pour ce concept, notamment Derrida (1967a).

Le texte suggère une telle interprétation, en posant la question qui traverse le livre comme un fil conducteur : « Qui suis-je ? Si par exception je m'en rapportais à un adage : en effet pourquoi tout ne reviendrait-il pas à savoir qui je «hante» ? »[46] De fait, c'est Nadja qui est hantée par le narrateur. Le « qui » désignant le *je* recherché se confond avec le « qui » désignant Nadja. Ce double fantomatique du *je*, réduit, comme lui, au statut de spectre[47], est une véritable image spéculaire de ce dernier. L'origine recherchée s'avère être celle d'un redoublement relégué, lui, dans le domaine de l'imaginaire. Or, cette lecture jette une lumière nouvelle sur la relation entre les deux personnages. Si le texte affirme que l'identité du *je* s'entrevoit à travers ses relations à « certains êtres »[48], ces relations ne renvoient pas à la plénitude d'une présence à soi, mais à une rupture originaire faisant du *je* le fantôme de lui-même, et du double Nadja / André une figure de la différance. Nadja, allégorie de la rue et post-figuration de la passante baudelairienne, s'avère être, sous ces conditions, la figure de la récupération d'une négativité fondatrice du sens. Faisant de la ville dont elle émerge la figure d'une altérité aussi bien du sujet que du monde, elle permet, pour reprendre les paroles de Derrida, de »s'enfoncer [...] vers l'innommable«[49], en remettant en cause toute tentative de réduire le récit de *Nadja* à une simple préconisation du signifié transcendantal. Dans cette perspective, le texte est bien plutôt le récit d'une auto-constitution subjective paradoxale : En racontant la réclusion qui sépare le narrateur de Nadja, le texte évoque le problème qui accompagne tout acte de prise de conscience de soi, à savoir le fait qu'un tel acte implique une mise à distance réflexive entraînant de manière inéluctable une scission du *je*. Proche du modèle lacanien d'une prise de conscience qui est essentiellement

---

46 Breton (1988), 647.
47 N'oublions pas qu'elle est « l'âme errante » (Breton (1988), 688), le « génie libre » (Breton (1988), 714) et l' « esprit de l'air » (Breton (1988), 714).
48 Breton (1988), 647.
49 Derrida (1967b), 86.

méconnaissance[50], il conceptualise cependant ce clivage comme condition de possibilité d'une unité de sens. Si cette unité ne peut être à l'origine du sujet, elle est le *telos* implicite de ses recherches, émergeant de manière aussi incompréhensible qu'évidente sur le fond de la différance figurée par André/Nadja. Loin d'affirmer une union utopique entre le monde et la parole, le texte réfléchit sur la nécessité d'une rupture en tant que potentialité de sens. Sous cette perspective, on ne saurait le lire comme une reprise ingénue de conceptions pré-modernes. Il témoigne au contraire d'une réflexion sémiologique complexe mettant en lumière la nécessité d'une restitution réfléchie du signifié comme condition nécessaire à une auto-affirmation subjective sous le signe d'un désir inassouvi, entrevu par et à travers une altérité inaliénable dont la femme, l'écriture et la ville sont les figures.

RÉFÉRENCES BIBLIOGRAPHIQUES

Arrouye, J. (1982), « La photographie dans ‹Nadja› », ds. *Mélusine IV. Le livre surréaliste*, Lausanne, 123–151.

Barthes, R. (1984), « La mort de l'Auteur », ds. *Le bruissement de la langue*, Paris, 61–67.

Benjamin, W. (2002), *Paris, capitale du XIXe siècle. Le livre des Passages*, trad. J. Lacoste, Paris.

Benjamin, W. (1991a), « Ursprung des deutschen Trauerspiels », ds. *Gesammelte Schriften* I.1, éd. R. Tiedemann/H. Schweppenhäuser, Frankfurt a. M., 203–430.

Benjamin, W. (1991b), « Der Sürrealismus », ds. *Gesammelte Schriften* II.1, éd. R. Tiedemann/H. Schweppenhäuser, Frankfurt a. M., 295–310.

Benjamin, W. (1991c), *Das Passagen-Werk. Gesammelte Schriften* V, éd. R. Tiedemann, Frankfurt a. M.

---

50 Lacan (1966) ; cf. à l'égard des parallèles entre le modèle de Lacan et la recherche d'identité dans Nadja Hötter (1990), 44–66.

Breton, A. (1988), *Œuvres complètes* I, Paris.

Bürger, P. (1998), *Das Verschwinden des Subjekts. Eine Geschichte der Subjektivität von Montaigne bis Barthes*, Frankfurt a. M.

Bürger, P. (1974), *Theorie der Avantgarde*, Frankfurt a. M.

Derrida, J. (1967a), « La structure, le signe et le jeu dans le discours des sciences humaines », in: *L'écriture et la différence*, Paris, 409–428.

Derrida, J. (1967b), *La voix et le phénomène: Introduction au problème du signe dans la phénoménologie de Husserl*, Paris.

Ehrlicher, H. (2001), *Die Kunst der Zerstörung. Gewaltphantasien und Manifestationspraktiken europäischer Avantgarden*, Berlin.

Foucault, M. (1966), *Les mots et les choses*, Paris.

Harvey, D. (1989), *The Condition of Postmodernity. An enquiry into the origins of cutural change*, Oxford.

Hötter, G. (1990), *André Bretons « Theorie des Kryptogramms ». Eine poststrukturalistische Lektüre seines Werks*, Paderborn.

Lacan, J. (1966), « Le stade du miroir comme formateur de la fonction du Je », ds. *Écrits* I, Paris, 89–97.

Lampe, A. (2001), *Die unheimliche Frau. Weiblichkeit im Surrealismus*, Heidelberg.

Mallarmé, S. (2003), *Œuvres complètes* II, éd. B. Marchal, Paris.

Menke, B. (1991), *Sprachfiguren. Name – Allegorie – Bild nach Walter Benjamin*, München.

Plumpe, G. (1995), *Epochen moderner Literatur. Ein systemtheoretischer Entwurf*, Opladen.

Reckwitz, A. (2006), *Das hybride Subjekt. Eine Theorie der Subjektkulturen von der bürgerlichen Moderne zur Postmoderne*, Weilerswist.

Simmel, G. (1995), « Die Großstädte und das Geistesleben », ds. *Aufsätze und Abhandlungen 1901–1908. Gesamtausgabe 7*, éd. O. Rammstedt, Frankfurt a. M., 116–131.

Simmel, G. (1992), « Exkurs über den Fremden », ds. *Soziologie. Untersuchungen über die Formen der Vergesellschaftung. Gesamtausgabe 11*, éd. O. Rammstedt, Frankfurt a. M., 764–771.

Stierle, K. (1993), *Der Mythos von Paris. Zeichen und Bewusstsein einer Stadt*, München / Wien.

Stierle, K. (1984), « Der innehaltende Leser: Walter Benjamin », ds. L. Dällenbach / Ch. L. Hart-Nibbrig (éds.), *Fragment und Totalität*, Frankfurt a. M., 337–349.

Wagner-Egelhaaf, M. (1997), *Die Melancholie der Literatur: Diskursgeschichte und Textfiguration*, Stuttgart / Weimar.

Warning, R. (1982), « Surrealistische Totalität und die Partialität der Moderne. Zur Lyrik Paul Éluards », ds. id. / W. Wehle (éds.), *Lyrik und Malerei der Avantgarde*, München, 481–515.

Ambivalencias de la gran ciudad en F. Tönnies y G. Simmel: comunidad e individualidad

Ana Isabel Erdozáin (Christian-Albrechts-Universität zu Kiel)

Quisiera comenzar esta exposición[1] con una cita de Cornelius Bickel referente a la tragedia de la modernidad:

> Los tres clásicos, Tönnies, Simmel y Max Weber, tenían una clara conciencia de la ambivalencia de la modernidad. En esos autores esa conciencia se vincula a una comprensión profunda de la tragedia del desarrollo, comprendida en el sentido de que el desarrollo comporta de forma necesaria e inmanente luces y sombras. Max Weber veía la tragedia especialmente en la necesaria tendencia del desarrollo al entorpecimiento y rigidez en burocracias prepotentes a modo de jaula de servidumbre dura como el acero («stahlhartes Gehäuse der Hörigkeit»). Simmel veía esa tragedia en

---

1 Este trabajo ha sido posible gracias a una beca de investigación posdoctoral del Gobierno de Navarra con un proyecto titulado *Sociología clásica alemana de la ciudad – Ferdinand Tönnies y Georg Simmel – y representación literaria de Pío Baroja*.

un proceso necesario que lleva a una sobrevaloración de la cultura objetiva y que va más allá de la capacidad de recepción subjetiva de los hombres contemporáneos, una relación estructural que él denomina «tragedia de la cultura». Para Tönnies la tragedia del desarrollo consiste en que éste hace imposible la realización de una necesidad enraizada antropológicamente, la necesidad de comunidad. El hábito del ser humano se transforma tanto que ya no es capaz de comunidad, aunque siga sintiendo su necesidad. Por eso, comunidad y sociedad pueden ser también leídas como muestra de los costes que arroja la modernidad en contrapartida a sus grandes conquistas como el progreso científico, la reforma social o la democratización»[2].

Esta idea sobre la ambivalencia de la modernidad tan perspicazmente señalada por los clásicos de la sociología es el punto de partida del presente trabajo sobre la gran ciudad que se centra en las aportaciones de Simmel y Tönnies. Los sociólogos alemanes que ponen de relieve que la idea del progreso lineal no es adecuada para la presentación de la sociedad moderna están vinculados a una revolución estética que se produce a finales del siglo XIX y principios del XX y que desemboca en la vanguardia artística y literaria conocida posteriormente con el término expresionismo. La otra cara de la vanguardia es la descomposición de la burguesía como clase unitaria con un ethos propio y un estilo de vida específico. Los ideales de vida burgueses pierden su fuerza vinculante[3]. Bien podría decirse que en esa época de los clásicos de la sociología alemana se produce una crisis y una reconceptualización de la burguesía y hoy, en mayo de 2008 y aquí, en París, nos planteamos la crisis y reconceptualización de la ciudad, que es la forma de manifestación territorial de la población más genuina y característica de la burguesía. Desde

2   Bickel (2006), 197 (trad. AIE).
3   Vid. Mommsen (1994), 109.

esa analogía se plantea esta reflexión sobre las ambivalencias de la gran ciudad en Simmel y Tönnies.

Empezamos por plantear cómo entiende la gran ciudad Ferdinand Tönnies (1855–1936). Para ello conviene centrar la atención en su conocido y fundamental teorema comunitario-societario: la comunidad (*Gemeinschaft*) y la sociedad (*Gesellschaft*). Así se citarán, preferentemente en alemán, porque los términos españoles no recogen todo el elenco de significaciones que tienen en alemán, especialmente *Gesellschaft* que comprende el sentido de sociedad como un todo pero también el de asociación como agrupación para un mismo fin.

En su tratamiento de la ciudad, injustamente y sobre todo por no leerle en profundidad, con frecuencia se vincula a Tönnies al conservadurismo y habría que comenzar por aclarar ese malentendido. Para esto bastarán pocos datos de su vida que refutan esa vinculación: el 19 de marzo de 1930 Marie y Ferdinand Tönnies se dieron de baja de la iglesia protestante de Schleswig-Holstein por la amistosa actitud que mostraba con los nazis[4]. A continuación, el 1 de abril de 1930 se afiliaron al partido socialdemócrata como un paso útil en su rechazo del nacionalsocialismo. Otro dato sería la inmediata expulsión de Tönnies de la universidad – sin pensión – al llegar los nazis al poder. La razón argüida: «Entlassung wegen nationaler Unzuverlässigkeit»[5], esto es, cese por su falta de lealtad – si se

---

[4] Hasta entonces habían mantenido relación con la misma; ellos, Ferdinand y Marie, se casaron eclesiásticamente por la iglesia protestante, sus hijos se confirmaron y se casaron también en dicha iglesia. El sociólogo se mantuvo dentro de una dirección teológica liberal respecto del protestantismo; frente a la iglesia protestante siempre se había mostrado crítico por su intromisión en asuntos del Estado.

[5] Vid. E. G. Jacoby (1971), 251. En una carta a Solms de 14 de diciembre de 1933 explicaba la retirada de la pensión que resultaba de su actividad laboral como una consecuencia de haber escrito en el periódico *Schleswig-Holsteinische Volkszeitung. Organ für das arbeitende Volk* carta abierta sobre los peligros del Nacionalsocialismo. El motivo concreto era que al parecer había manifestado que el llamado *Führer* – jefe o di-

quiere falta de fiabilidad de sus actitudes – a la nación alemana. En los tres casos se pone de manifiesto una posición lejana a lo que comúnmente se comprende como actitud conservadora favorable a la continuidad en las formas de vida colectiva y adversa a cambios bruscos y radicales.

Volvamos ahora los ojos a la gran ciudad según Tönnies. La gran ciudad está en la *Gesellschaft* pero hay que partir de la *Gemeinschaft* para poder llegar y comprender a la *Gesellschaft*. En 1887 Tönnies publicaba su monografía *Gemeinschaft und Gesellschaft*[6]. En ella mostraba la oposición existente entre un orden de la vida social que, basado en el acuerdo de voluntades, descansa en la concordia y se desarrolla y ennoblece merced a los ritos, las costumbres y la religión, la *Gemeinschaft*, y otro orden de vida que, basado en el encuentro y vinculación de voluntades racionales, descansa en la convención, el pacto o contrato quedando salvaguardado por la legislación y justificado ideológicamente por la opinión pública. De este modo, Tönnies pretendía captar la tensión casi antinómica existente entre el historicismo y el racionalismo y llegar a una síntesis superadora de esa oposición entre la tradición europeo-occidental que camina hacia el positivismo y la tradición germánica historicista inspirada por el idealismo y el romanticismo.

A su entender, la *Gemeinschaft* ha sido la forma de convivencia y organización social más representativa de la Antigüedad y la Edad Media. Con el paso del tiempo ha evolucionado hasta convertirse en la Modernidad en la *Gesellschaft* que constituye un antagonismo de una época pasada de convivencia en forma de comunidad, una comunidad desinteresada, la del parentesco, la vecindad y la amistad. La forma de vida societaria es interesada,

---

rigente – no sabía hacer otra cosa que insultar e increpar; esto – según señalaba – más que un crimen de lesa majestad parecía ser una blasfemia intolerable. Tönnies / Solms (1982), carta de Tönnies a Solms de 14-12-1933, 238.

6   Tönnies (1991).

comercial, materialista, orientada a un desmedido aumento de la riqueza y la propiedad privada.

Por contraposición a la *Gemeinschaft* en la *Gesellschaft* los seres humanos, en olvido de su origen común y negando el ejercicio de funciones para un todo que les una entre sí, se encuentran aislados y enfrentados en ese estado de naturaleza caracterizado por Hobbes[7] como *ius in omnia*, a saber, el derecho omnímodo y absoluto sobre todas las cosas, de usarlas como medios y realizar toda acción necesaria para conservarse y defenderse.

En la *Gemeinschaft* la ciudad procede de la aldea y ésta de la casa aislada. Su mantenimiento y perfección se sustentan en un espíritu común que comprende entre otros elementos la lengua, la costumbre, las creencias y, por supuesto, un territorio común. No produce los bienes de primera necesidad al no dedicarse a la agricultura y por eso realiza intercambios de sus bienes con los de las granjas próximas. En la relación entre ciudad y campo hay un espíritu fraterno de donación y comunicación hecha de buen agrado a pesar del natural deseo de conservar lo que a uno le pertenece o de conseguir la mayor parte de bienes ajenos[8].

En la *Gesellschaft* desarrollada los hombres viven también, como antes, en la casa, el pueblo y la ciudad, pero el estado societario conduce inexorablemente a la gran ciudad (*Großstadt*) que es la formación de la vida humana en el territorio característica de la *Gesellschaft*. Perviven, en general, los modos de vida comunitarios como los únicos reales, si bien poco a poco van atrofiándose y desapareciendo. «Se entra en la *Gesellschaft* como cuando se entra en el extranjero», afirma Tönnies al exponer el tema principal del teorema comuniario-societario[9]. La gran ciudad está integrada por multitud de personas libres que se encuentran en permanente contacto debido a la circulación constante de personas. Esas

---

7   Vid. Tönnies (1991), 105.
8   Vid. Tönnies (1991), 33.
9   Tönnies (1991), 3 (trad. AIE). La cita en alemán es: «Man geht in die Gesellschaft wie in die Fremde».

personas libres realizan intercambios y trueques por medio de contratos, aunque de ellos no se genera nunca una voluntad comunitaria. Sólo de modo esporádico o como residuo de estados comunitarios anteriores se da comunidad. En la gran ciudad los hombres están aislados y las familias que existen enfrentadas. El lugar común en el que viven es casual y elegido por ellos. Tönnies señala que tienen dos opciones para poder permanecer el uno al lado del otro: o no tienen contacto entre sí o se toleran gracias al contrato. Siendo así, las relaciones contractuales de intercambio de la gran ciudad encubren intereses antagónicos y hostilidades como los que se dan entre los ricos – clase dominadora – y los pobres – clase servil. Esos antagonismos escinden el cuerpo de la ciudad[10]. En ella sólo las clases altas, ricas y cultas ejercen influencia, están vivas y proporcionan medida y criterio por el que han de regirse las clases bajas. Éstas actúan con una doble intención: suprimir a las clases altas o equipararse a ellas y adquirir así poder societario.

Como lo indica su propio nombre, la gran ciudad es la expresión más desbordante y desmesurada de la forma urbana societaria. Esta forma urbana incide en la forma rural del mismo principio de una manera completamente contrapuesta a la propiamente rural: la colonización rural. La gran ciudad se aparta estrictamente de los elementos rurales comunitarios de carácter más genuino: la vida de familia y de pueblo, la economía doméstica, la agricultura, la artesanía y el arte basado en necesidades naturales. Reconoce su condición de sustento pero sólo como medio para alcanzar sus propios fines. En cuanto que típica forma societaria la gran ciudad es ciudad comercial, de mercado. Contemplando el ser humano desde los tres planos clásicos: vegetativo, animal y mental, el predominio de estos dos últimos, la vida de índole animal y mental, corresponden al ser de la gran ciudad. La vida animal-mental parece existir por sí

---

10 Tönnies alude aquí de modo analógico al antagonismo existente entre capital y trabajo. Vid. Tönnies (1991), 211.

misma, de modo independiente, dominando cada vez más al todo y tendiendo a atraerse hacia sí las fuerzas existentes en ese todo y a destruirlas. Si en la gran ciudad predomina el trabajo productivo se convierte en ciudad fabril. Su riqueza es una riqueza de capital que adopta la forma de capital de comercio, usura o industria. Se trata de dinero que aumenta gracias a su inversión y colocación ventajosa. Este dinero se convierte en medio para apropiarse de productos y para explotar mano de obra[11].

Característica en la vida de la gran ciudad es la convención como expresión de carácter mental. Presupuesto es el hombre ambicioso y su ocupación preferente es el comercio sustentado en la deliberación reflexiva, por tanto en la atención, la comparación y el cálculo, condiciones decisivas para cualquier negocio. El comercio es la acción arbitraria pura. Por su lado, el contrato es el uso y la fe del comercio[12]. El contrato (*Kontrakt*) se convierte en la base de todo el sistema y la voluntad de arbitrio – que se actualiza merced al interés – es la única autora y promotora del orden jurídico en la medida en que éste sea conveniente y posible[13].

Pero la gran ciudad es también ciudad de la ciencia y de la cultura aunque de hecho éstas se encuentran estrechamente vinculadas al comercio y la industria. Por un lado, las artes son explotadas con criterio capitalista y, por otro, el pensamiento y la opinión, que están sometidos a gran celeridad, así como los discursos y escritos provocan una enorme excitación y alteración debido a su difusión masiva[14].

La segunda forma societaria de manifestación en el espacio es el mercado mundial – *Weltmarkt* –, fruto del paso del predominio de la economía doméstica al de la economía mercantil. Los comerciantes en cuanto que capitalistas y los capitalistas en cuanto que comerciantes logran ponerse a la cabeza del pueblo y parecen es-

---

11   Vid. Tönnies (1991), 212; 217–218.
12   Vid. Tönnies (1991), 216–217.
13   Vid. Tönnies (1991), 210.
14   Vid. Tönnies (1991), 212.

tar unidos en los propósitos de la circulación de mercancías. Para ellos, el territorio, el país, son únicamente mercado para adquirir y colocar productos. El comerciante, al establecer una unidad abstracta aunque tangible como fin real y racional de su actividad externa, la mercancía de comercio, es el primer hombre libre y pensante de la vida social que se muestra, precisamente por eso, libre de los vínculos comunitarios. La sociedad, los demás, son medios para él, prototipo de individuo arbitrario y egoísta[15].

La tercera y última forma societaria de expresión espacial es el Estado mundial (*Weltstaat*) o república mundial (*Weltrepublik*). Tomado el Estado como la sociedad misma, como la razón social comprendida dentro del concepto de sujeto social racional, es el agente constituyente de la sociedad en cuanto unidad. Sólo con referencia al Estado existe el resto de personas. Se entrevé la tendencia a que el Estado se convierta en la coalición de los capitalistas que excluye toda competencia y con la extensión de una sociedad sin límites se llegaría al Estado mundial que significaría el fin de la producción de mercancías y con ello de la verdadera causa del beneficio empresarial. Entonces los bienes producidos por las clases inferiores pasarían a las superiores, si representaran al Estado. En nombre del Estado se distribuiría – en una forma de socialismo – también la producción que no se estimara necesaria para el sustento de los trabajadores[16].

A modo de conclusión, comunidad y sociedad – *Gemeinschaft* y *Gesellschaft* – son conceptos normales – tipos ideales si se quiere – que representan realidades empíricas y por eso mismo se encuentran a merced de la necesidad histórica. En esta presentación de Tönnies no se aprecia ninguna preferencia manifiesta por parte de Tönnies, si bien sí existe una necesidad antropológica de comunidad a la que obviamente no se le hace justicia en la sociedad[17]. La relación entre los dos conceptos normales es muy

---

15 Vid. Tönnies (1991), 46–47.
16 Vid. Tönnies (1991), 198–199.
17 Vid. Heberle (1948); Jacoby (1971), 59; Riedel (1975), 854–862; Bickel

estrecha; tanto que podría hablarse de conceptos correlativos. En la comunidad se es lo que se es en virtud de lo recibido o donado y aceptado interiormente, mientras que en la sociedad se es lo que se es como resultado del hacer externo, la conquista personal. Tönnies lo expresaba como sigue en su obra *Gemeinschaft und Gesellschaft*:

> Pero así como la ciudad dentro de la gran ciudad, como indica ya la misma determinación, así perduran propiamente los modos de vida comunitarios como los únicos reales dentro de la vida societaria, aunque atrofiados y hasta en vías de desaparición. Y, viceversa: cuanto más se generaliza el estado de sociedad en una nación o grupo de naciones, tanto más el conjunto de ese «país» o la totalidad de ese «mundo», tiende a parecerse a una sola ciudad»[18]

Mas allá de su tematización teórica de la ciudad, en su propia vida Tönnies se mostró muy sensible al fenómeno de la pobreza en la gran ciudad. Muy joven manifestó un rechazo profundo ante la miseria tan denigrante en que vivían muchos jóvenes. Así, en una estancia en Londres le escribía a Paulsen en 1878: «En parte con ira contenida, en parte con tristeza compasiva veo a los pequeños niños sucios saltar del saliente banco del autobús (a la calle) para recoger el estiércol de los caballos; niños en permanente

---

(1990), 17–20; 25–28; 40–44; Merz-Benz (1991), especialmente página 64; Bond (1988), 61–64.

[18] Tönnies (1991), 211 (trad. AIE). La cita en alemán es: «Aber wie die Stadt innerhalb der Großstadt, was diese durch ihren Namen kundgibt – so dauern überhaupt die gemeinschaftlichen Lebensweisen, als die alleinigen realen, innerhalb der gesellschaftlichen, wenn auch verkümmernd, ja absterbend fort. Und hingegen: je allgemeiner der gesellschaftliche Zustand in einer Nation oder in einer Gruppe von Nationen wird, desto mehr tendiert dieses gesamte «Land» oder diese ganze «Welt» dahin, einer einzigen Großstadt ähnlich zu werden».

peligro de ser aplastados por los ruidosos coches»[19]. Al pauperismo en la gran ciudad se refería también en sus informes sobre la huelga de los trabajadores portuarios de Hamburgo a finales del siglo XIX. Las miserables condiciones de vida de los trabajadores – especialmente las de la vivienda – revertían en su salud, en su estado de ánimo triste y apesadumbrado y en la actitud de desesperada determinación que se veía reforzada por su conciencia de grupo en pos de la mejora de sus condiciones de vida[20].

Para Tönnies, la gran ciudad es desde esta perspectiva empírica el lugar en el que se vive por antonomasia en la época industrial, societaria, y en el que se acumulan la pobreza y el ánimo apesadumbrado. Sin embargo, no puede dejar de considerarse la influencia de sus ideas sobre la gran ciudad de la sociedad en esta percepción empírica.

Por su parte, Georg Simmel (1858–1918), el sociólogo de la interacción social, se hace cargo en su conocido artículo «Die Großstädte und das Geistesleben» de los retos que ofrecen las grandes ciudades a los hombres y mujeres de la vida moderna. Dicho artículo es una transcripción de una conferencia de Simmel impartida en Dresde por invitación de la Fundación Gehe-Stiftung con ocasión de la exposición de ciudades del año 1903. Según comenta Rolf Lindner, «Die Großstädte und das Geistesleben» puede considerarse un resumen del libro *Filosofía del dinero* (1900) y representa una sociología general de la modernidad[21].

---

19 Tönnies / Paulsen (1961), carta de 21.8.1878, 38 (trad. AIE). La cita en alemán es: «Halb mit Ingrimm, halb mit mitleidiger Wehmut sehe ich immer des Morgens von erhabener Omnibusbank auf die kleinen schmutzigen Knaben herab, welche stumpfsinnig geschäftig, in beständiger Gefahr von den rasselnden Wagen zermalmt zu werden, den Pferdedünger aufschaufeln».
20 Vid. Tönnies (1897).
21 Vid. Lindner (2004), 175.

Simmel parte de una cuestión central en su argumentación: que los problemas más profundos de la vida moderna emanan de la pretensión del individuo de conservar la autonomía y la singularidad de su existencia frente a los diversos condicionamientos de la vida humana como son: la predominancia de la sociedad, la herencia histórica, la cultura externa y lo que Simmel denomina la técnica de la vida. Desde su característica perspectiva de la interacción intersubjetiva – el plano microsociologico – Georg Simmel destaca que la resistencia del sujeto a ser nivelado y consumido – podría decirse eliminado – en un mecanismo técnico-social es el motivo principal de los movimientos de los siglos XVIII y XIX a favor de la liberación de los condicionamientos históricos del Estado, la religión, la moral y la economía, así como de la reivindicación de la singularidad del ser humano – acorde con la división del trabajo – y del rendimiento individual que le haga incomparable y a ser posible imprescindible[22].

La gran urbe crea las condiciones psicológicas para el incremento de la vida nerviosa (*Steigerung des Nervenlebens*) con el ritmo vertiginoso de imágenes, el rápido e ininterrumpido intercambio de impresiones internas y externas a que somete a sus habitantes, la imprevisibilidad de impresiones (*Impressionen*) que se imponen, el ritmo frenético de vida y las muchas actividades de la vida económica, profesional y social. Al hacerlo se va generando una profunda oposición de la gran ciudad a la pequeña ciudad, de la vida urbana a la vida del campo que transcurre con lentitud, con arreglo al hábito, la costumbre y la regularidad. Así se hace inteligible el carácter intelectualista de la vida anímica de la gran ciudad en comparación con el de la pequeña ciudad que se apoya mucho más en las facultades sensitivas y las relaciones intuitivas que radican en los estratos inconscientes. La vida anímica de la gran ciudad se sustenta en el intelecto, el entendimiento (*Verstand*) cuyas raíces se encuentran en los estratos anímicos,

---

[22] Vid. Simmel (2006), 7–8.

transparentes, conscientes y más superiores. De entre las fuerzas interiores del ser humano el entendimiento es la que muestra mayor capacidad de adaptación y por eso no le convienen estremecimientos ni remover asuntos internos. Gracias al entendimiento, el habitante-tipo de la gran ciudad crea un órgano de protección contra el desarraigo cuya amenaza experimenta por las diferentes corrientes y discrepancias que se producen en su medio externo. De este modo, la reacción a estos fenómenos tiene lugar en el órgano psíquico menos sensible y más distante de la profundidad de la personalidad[23].

Por otra parte, las grandes ciudades han sido siempre sedes de la economía monetaria (*Geldwirtschaft*) porque la diversidad y concentración del intercambio económico confieren una importancia al medio de cambio a la que no se habría llegado en la frugalidad de las operaciones de trueque del campo. El habitante de la gran ciudad está orientado puramente por el intelecto y ese dominio del entendimiento y la economía financiera tienen una relación estrecha y profunda. En común tienen la objetividad pura (*Sachlichkeit*) con la que tratan a personas y cosas que comporta una justicia formal y una dureza sin ningún tipo de consideraciones. También les une la indiferencia hacia todo lo propiamente individual porque de ahí se derivan relaciones y reacciones que no se pueden agotar con el entendimiento lógico y porque el dinero sólo pregunta por lo que pueda tener valor de cambio equiparando calidad y singularidad a cantidad. Siendo así, en la gran ciudad los habitantes toman a sus semejantes como cifras, elementos indiferentes entre sí[24].

Al alimentarse de la producción para el mercado y por tanto para consumidores desconocidos cuya relación con el productor es nula, la gran ciudad moderna se convierte en el escenario de una despiadada objetividad en la que las relaciones personales

---

23 Vid. Simmel (2006), 10–11.
24 Vid. Simmel (2006), 12–13.

no comportan ninguna desviación de los intereses económicos egoístas[25].

Debido a la naturaleza calculadora del dinero, en la vida práctica se ha introducido una precisión, una puntualidad, una seguridad en la determinación de igualdades y desigualdades, acuerdos y compromisos. No obstante, además de esto las propias condiciones de la gran ciudad son las que hacen que la extensión de esa mentalidad calculadora sea causa y consecuencia. Y es que las relaciones y asuntos que le ocupan al habitante de la gran ciudad suelen ser tantos y tan complicados por la enorme acumulación de seres humanos con intereses tan diversos que sin la intervención de la puntualidad de promesas y prestaciones todo se convertiría en un caos inextricable[26].

A cambio de ello, la puntualidad, el cálculo (*Berechenbarkeit*) y la exactitud impuestas por las complicaciones y extensión de la vida de la gran ciudad tiñen los contenidos de la vida de los habitantes de la gran ciudad llevándoles a favorecer la exclusión de los rasgos instintivos e irracionales y de impulsos esenciales de carácter soberano, lo cual no quiere decir que no sea posible una existencia en la gran ciudad caracterizada por estos rasgos, pero se opone por completo a lo que sería una existencia-tipo del habitante de la gran ciudad[27].

Todos estos factores que en la exactitud y la precisión al minuto de la forma de vida han cuajado en una figura de máxima impersonalidad actúan, por otra parte, de modo extremadamente personal a través de la indolencia (*Blasiertheit*). La velocidad y oposición de impresiones arrancan respuestas forzadas a los habitantes de la gran ciudad y los arrastran de aquí para allí de forma tan brutal que consumen sus últimas fuerzas y reservas. Se quedan en el mismo medio y no tienen tiempo para hacer acopio de nuevas fuerzas y reservas. Ahí se origina la incapacidad de reaccionar

---

[25] Vid. Simmel (2006), 13–14.
[26] Vid. Simmel (2006), 15–16.
[27] Vid. Simmel (2006), 17–18.

ante nuevos estímulos con la energía adecuada. Es la indolencia que manifiesta ya todo niño de gran ciudad en comparación con el de un medio más tranquilo y con menos variaciones. La naturaleza de la indolencia consiste en la enervación ante las diferencias de las cosas; no es que no se perciban, sino que el significado y valor de las mismas es nulo. Simmel ve en la indolencia el reflejo fiel de la plena implantación de la economía financiera dado que el dinero, convertido en el valor de más éxito, se convierte en un terrible nivelador ocultando sin remedio el núcleo de las cosas, su valor específico propio[28].

Por sus grandes dimensiones en las grandes ciudades, sedes de la circulación del dinero, se impone la posibilidad de comprarlo todo (*Käuflichkeit*), podría decirse «comprabilidad». Las grandes ciudades son los centros propios de la indolencia. Con la indolencia se culmina con éxito la represión de personas y cosas que reclaman el máximo rendimiento nervioso del individuo. Pero así, sin darse cuenta, se cae en el otro extremo, en esa adaptación propia de la indolencia consistente en la renuncia a la reacción a esos contenidos y formas de la gran ciudad porque sólo de esta manera los nervios ven la posibilidad de aceptar los contenidos y formas de la gran ciudad. Y esto tiene su precio: la renuncia a la reacción comporta la desvalorización de todo el mundo objetivo lo cual, en último término, se traduce inevitablemente en un sentimiento de desvalorización de la propia personalidad («Entwertung der eigenen Persönlichkeit»[29]).

La autoconservación del individuo frente a la gran ciudad exige al individuo una actitud de naturaleza social no menos negativa que la anterior: la reserva (*Reserviertheit*). Si hubiera que responder con reacciones internas a todos los contactos externos que a uno le toca vivir como se hace en la ciudad pequeña en la que casi se conoce a todo aquel con quien uno se cruza por la calle, se experimentaría la completa atomización interior y se caería en un

---

28 Vid. Simmel (2006), 18–21.
29 Simmel (2006), 21–22.

estado anímico inimaginable. Esta circunstancia, unido al derecho a la desconfianza que se muestra ante los elementos efímeros de la gran ciudad en el contacto fugaz con otras personas, nos obliga a la reserva, fruto de la cual con frecuencia no conocemos ni de vista a los vecinos de nuestra casa y los habitantes de la ciudad pequeña ven a los de la gran ciudad fríos y sin sentimientos. Además, según indica Simmel, detrás de esa reserva está la indiferencia, desde luego, pero también una silenciosa y escondida aversión (*leise Aversion*), una extrañeza y una repulsión que en el instante en que se produjese algún contacto próximo brotaría en forma de odio o lucha[30].

En ninguna parte como en la multitud densa de la gran ciudad se experimentan con más fuerza la reserva recíproca, la indiferencia y las condiciones de vida intelectuales de grandes círculos en lo que es la independencia del individuo porque la cercanía y estrechez que se vivencian hacen tanto más clara y evidente la distancia de espíritu intelectual. La gran ciudad es la sede de la libertad interna-externa, personal («der persönlichen, innerlich-äußerlichen Freiheit»[31]). El particular disfruta dentro de la gran ciudad, sede del cosmopolitismo, de libertad e independencia. El reverso de esa libertad personal es el sentimiento de soledad y abandono que asimismo en ningún otro lugar se experimenta con tanta intensidad como en la multitud de la gran ciudad[32].

Considerado desde la perspectiva de la gran ciudad lo más sobresaliente de su ser gran ciudad es que su tamaño funcional va más allá de sus fronteras físicas y esa repercusión, podría decirse área de acción, le da a la vida de la gran ciudad peso, superioridad y responsabilidad. A su vez, conforme va extendiéndose, la ciudad va ofreciendo las condiciones decisivas para la división del trabajo: un círculo que por su tamaño es capaz de absorber una elevada variedad de prestaciones mientras que paralelamente se

---

30   Vid. Simmel (2006), 23–24.
31   Simmel (2006), 31.
32   Vid. Simmel (2006), 31, 33.

da la aglomeración de individuos y la lucha de los individuos por un comprador, un comprador de sus servicios. Esta situación obliga al particular a una especialización de su prestación (*Spezialisierung*) de manera que no pueda ser tan fácil su desplazamiento y sustitución por otros[33].

Lo decisivo de este fenómeno de la especialización es que la vida urbana ha transformado la lucha del hombre con la naturaleza por la adquisición de alimentos en una lucha del hombre por el hombre de manera que el beneficio por el que se lucha es procurado por el ser humano y no por la naturaleza. En este nuevo marco de relaciones de los hombres no sólo actúa como fuente la especialización, sino también otra más profunda de acuerdo con la cual el que se ofrece para trabajar, esto es, para realizar una prestación, ha de buscar siempre suscitar nuevas y peculiares necesidades. La necesidad de especializar la prestación – el trabajo – para encontrar una fuente de recursos todavía no agotada y que no sea fácilmente sustituible insta a la diferenciación, el refinamiento, el enriquecimiento de las necesidades del público que llevan claramente a una diferenciación personal creciente dentro del público. Y esta diferenciación conduce a la individualización de espíritu, de cualidades anímicas, a lo cual contribuye a su vez la ciudad en proporción a su tamaño[34].

La especialización cualitativa induce igualmente a extravagancias tendenciosas y caprichosas, al preciosismo, al estar aparte de todos. Su sentido no se encuentra en los contenidos de tal comportamiento sino en la forma de ser de otra manera, de destacarse a sí mismo y hacerse de notar, lo cual para muchos caracteres de la gran ciudad es el único medio de llegar de forma indirecta, a través de la conciencia de otros, a encontrar una valoración de sí mismo, la conciencia de ocupar un puesto[35].

---

[33] Vid. Simmel (2006), 33, 35.
[34] Vid. Simmel (2006), 35–36.
[35] Vid. Simmel (2006), 37.

No obstante, esta división del trabajo exige por parte del particular una prestación cada vez más unilateral y con su incremento máximo hace que su personalidad total no llegue a poder desarrollarse y se atrofie. Poco a poco, al individuo que crece cada vez menos se le rebaja a una cantidad despreciable – *quantité négligeable* –, frente a una inmensa organización de cosas y fuerzas que le quitan de las manos todos los progresos, intelectualismos y valores pasando así de la forma de vida subjetiva a la de la vida meramente objetiva. Las grandes ciudades son los escenarios propios de esa cultura que ha crecido por encima de lo personal. De diversas formas y en diferentes instituciones y centros se ofrece una desbordante profusión del espíritu ya cristalizado y convertido en impersonal. Es tal la abundancia que la personalidad no puede mantenerse como tal por así decirlo. Por un lado, la forma de vida objetiva se hace más cómoda y fácil que la personal porque por todas partes se ofrecen sugerencias, intereses, formas de llenar el tiempo y la conciencia. La personalidad apenas necesita moverse por sí misma. Bien al contrario, la vida está integrada cada vez más por esos ofrecimientos impersonales que pretenden reprimir el matiz personal y el valor del sujeto en cuanto singular e incomparable; hasta tal punto que para salvarse lo personal debe servirse de un máximo de singularidad teniendo que exagerar para llegar a ser escuchado. Estamos ante la atrofia de la cultura individual por la hipertrofia de la cultura objetiva[36].

Simmel concluye afirmando que la función de las grandes ciudades es proporcionar el sitio para la disputa y los intentos de unificación del carácter de único e insustituible del ser humano, por cuanto que sus condiciones particulares se nos han revelado como posibilidades, impulsos, para el desarrollo. De esta manera, las grandes ciudades se convierten en un fructífero lugar de carácter único con significaciones que no se pueden obviar en el desarrollo de la existencia anímica, adquiriendo fuerza la manifestación de la gran ciudad como una de las grandes figuras

---

[36] Vid. Simmel (2006), 39–41.

históricas en las que las corrientes que abarcan la vida entera y se oponen entre sí, se encuentran y desarrollan con igualdad de derecho. A juicio de Simmel va tomando cada vez más fuerza la manifestación de la gran ciudad como una gran figura histórica en la que se encuentran y desarrollan corrientes que abarcan la vida entera y que pueden ser opuestas entre sí. Merced a ello, las grandes ciudades están en movimiento y pueden hacernos simpáticas o antipáticas las manifestaciones particulares. Al haber crecido tales poderes en lo que es la raíz de la vida histórica a la que pertenecemos con nuestra efímera existencia Simmel cree que nuestra tarea no puede ser lamentarse o claudicar sino comprender[37].

NOTA FINAL

En los comienzos de su trayectoria intelectual Simmel se encontraba próximo a Spencer. Pensaba que estaba teniendo lugar un proceso de evolución social y que de un estado inicial inestable se pasaría a un estado superior caracterizado por un equilibrio de múltiples fuerzas; el medio específico para lograrlo sería la diferenciación. Simmel da la bienvenida a la diferenciación porque ahorra energías y reduce fricciones posibilitando que las fuerzas del individuo se concentren en vencer a la naturaleza y no a otros seres humanos. Además, favorece de diversas formas la libertad del individuo gracias a la economía de actividades. En tanto que medio, el dinero también favorece el aumento de la libertad del individuo y la gran ciudad ofrece múltiples oportunidades para ese estadio superior al que se tiende en la evolución social-cultural. Esa visión positiva simmeliana tiene poco que ver con la visión negativa de la sociedad tönniesiana. Pero a partir de 1896

---

37 Vid. Simmel (2006), 43–44

Simmel comenzó a destacar los aspectos negativos de la evolución de la cultura al abrirse a la corriente teórica sobre la alienación a la que Tönnies también debía parte de sus tesis sobre la sociedad. El precio de las conquistas del progreso de la cultura es muy alto: el individuo ve cómo le son arrebatados importantes apoyos y ventajas que le proporcionaba el círculo social más próximo. Además, sostiene Simmel, lo esencial de la cultura no es solamente el contenido que se conoce, construye y cree sino una determinada actitud ante el mundo y la vida, un modo funcional de hacerse cargo de las cosas y de incorporarlas interiormente[38]. La economía monetaria – entiende Simmel – es responsable de los desórdenes e insatisfacciones de nuestro tiempo, del revestimiento de los valores cualitativos de un valor meramente cuantitativo y del sofoco de los objetivos por los medios[39].

Es grande la coincidencia con Tönnies en estas tesis porque el sociólogo frisón comparte sustancialmente esa visión trágica de la cultura simmeliana. En la *Gemeinschaft* se es lo que se es gracias a lo recibido y aceptado interiormente, en tanto que en la *Gesellschaft* se es lo que se es como resultado del hacer externo, la conquista personal. La tragedia de la modernidad, y de la gran ciudad en última instancia, es que en ella perduran formas de vida comunitarios como únicas formas de vida reales dentro de la vida societaria y se encuentran en un estado de atrofia, incluso en vías de desaparición. La ciudad es el lugar, el espacio en el tiempo por excelencia de la época societaria según Tönnies. Pero el espacio en la *Gesellschaft* es cada vez menos importante. El espacio se diluye en la *Gesellschaft* porque en ella priman la actividad, las impresiones nerviosas, y el espacio sólo puede entorpecer o como mucho cumplir la misión de medio para que pueda desarrollarse la ingente cantidad de actividades de la gran ciudad de la época societaria. Por eso también parece real el riesgo del desmoronamiento y desaparición de las ciudades de acuerdo con su realidad empírica y la representación que tenemos de ellas.

---

38   Vid. Rammstedt (1988), 9.
39   Vid. Erdozáin (2002), 126–128.

Y así podría cumplirse la prognosis tönniesiana: que cuanto más se generaliza el estado de *Gesellschaft* en una nación o grupo de naciones, tanto más el conjunto de ese «país» o la totalidad de ese «mundo» tiende a parecerse a una sola ciudad[40].

REFERENCIAS BIBLIOGRAFICAS

Bickel, C. (2006), «Tönnies und Becks ‹Zweite Moderne›», en: U. Carstens / L. Clausen / F. Osterkamp / C. Schlüter-Knauer (eds.), *Neuordnung der Sozialen Leistungen. Tönnies-Forum Sonderband zum Fünften Internationalen Tönnies-Symposion 2005*, Norderstedt, 197–209.

Bickel, C. (1990), ««Gemeinschaft› als kritischer Begriff bei Tönnies», en: L. Clausen / C. Schlüter (eds.), *Renaissance der Gemeinschaft*, Berlín, 17–46.

Bond, N. (1988), «Ferdinand Tönnies und Max Weber», en: *Annali di Sociologia / Soziologisches Jahrbuch* 4, vol. II, Trento, 49–72.

Dahme, H.-J. (1988), «Der Verlust des Fortschrittsglaubens und die Verwissenschaftlichung der Soziologie. Ein Vergleich von Georg Simmel, Ferdinand Tönnies und Max Weber», en: O. Rammstedt (ed.), *Simmel und die frühen Soziologen. Nähe und Distanz zu Durkheim, Tönnies und Max Weber*, Francfort, 222–274.

Erdozáin, A. I. (2002), *Ferdinand Tönnies (1855–1936): su concepción político-social a la luz de su teoría comunitaria*, Pamplona.

Frisby, D. P. (1988), «Soziologie und Moderne: Ferdinand Tönnies, Georg Simmel und Max Weber», en: O. Rammstedt (ed.), *Simmel und die frühen Soziologen. Nähe und Distanz zu Durkheim, Tönnies und Max Weber*, Francfort, 196–221.

Heberle, R. (1948), «The sociological system of Ferdinand Tönnies: ‹Community› and ‹Society'»», en: H. E. Barnes (ed.), *An Introduction to the History of Sociology*, Chicago, 227–248.

Jacoby, E. G. (1971), *Die moderne Gesellschaft im sozialwissenschaftlichen Denken von F. Tönnies*, Stuttgart.

---

40 Vid. Tönnies (1991), 199.

Landmann, M. (1987) «Einleitung», en: G. Simmel, *Das individuelle Gesetz. Philosophische Exkurse*, ed. M. Landmann, Francfort, 7–29.

Lindner, R. (2004), «‹Die Großstädte und das Geistesleben›. Hundert Jahre danach», en: W. Siebel (ed.), *Die europäische Stadt*, Francfort, 169–178.

Merz-Benz, P.-U. (1991), «Die begriffliche Architektonik von ‹Gemeinschaft und Gesellschaft'»*,* en: L. Clausen/C. Schlüter (eds.), *Hundert Jahre ‹Gemeinschaft und Gesellschaft›. Ferdinand Tönnies in der internationalen Diskussion*, Opladen, 31–64.

Mommsen, M. (1994), *Bürgerliche Kultur und künstlerische Avantgarde 1870–1918. Kultur und Politik im deutschen Kaiserreich*, Francfort.

Rammstedt, O. (1988), »Vorwort«, en: id. (ed.), *Simmel und die frühen Soziologen. Nähe und Distanz zu Durkheim, Tönnies und Max Weber*, Francfort, 7–10.

Riedel, M. (1975), «Gemeinschaft, Gesellschaft», en: O. Brunner/W. Conze/R. Kosseleck (eds.), *Geschichtliche Grundbegriffe. Historisches Lexikon zur politisch-sozialen Sprache in Deutschland* 2, Stuttgart, 801–862.

Simmel, G. (2006), *Die Großstädte und das Geistesleben*, Francfort.

Simmel, G. (1994), *Philosophie des Geldes. Gesamtausgabe* 6, ed. D. P. Frisby/K. Ch. Köhnke, Francfort.

Tönnies, F. (1991), *Gemeinschaft und Gesellschaft: Grundbegriffe der reinen Soziologie*, Darmstadt.

Tönnies, F. (1897), «Hamburger Arbeiterwohnungen», en: *Ethische Kultur. Wochenschrift für sozial-ethische Reformen*, Berlín, 239.

Tönnies, F./Paulsen, F. (1961), *Briefwechsel*, ed. O. Klose/E. G. Jacoby/I. Fischer, Kiel.

Tönnies, F./Solms, Max Graf zu (1982), «Briefwechsel mit Ferdinand Tönnies 1928–1936 – Habilitation» en: F. Gräfin zu Solms (ed.) con la colaboración de I. Foerster, *Max Graf zu Solms. Ein Lebensgang. Briefe – Selbstzeugnisse – Berichte*, Marburgo, 191–260.

Weber, M. (1988), *Gesammelte Aufsätze zur Religionssoziologie*, vol. 1, Tubinga.

Vagabundos, *marcheurs* y nómadas urbanos. Un modelo de lectura literaria de la ciudad y tres aplicaciones

Javier Gómez-Montero
(Christian-Albrechts-Universität zu Kiel)

Uno de los enfoques más debatidos en los Seminarios de Kiel (2006) y París (2008) fue el de la legibilidad o ilegibilidad de la ciudad y la aportación específica de los textos literarios sobre ella. El tema es demasiado vasto y presupone asentar previamente definiciones acerca del tipo de ciudad, lo que en nuestro contexto de Modernidad o Ultramodernidad remitiría a rasgos de la ciudad industrial, de la ciudad informacional y de otras conceptualizaciones de las grandes ciudades actuales como *après-ville*, *nociudad*, *sim-city*, *bit-city*, etc.[1] En las páginas siguientes plantearé tales cuestiones rastreando en ciertas novelas y textos ficcionales contemporáneos los itinerarios de sus protagonistas. Inicialmente ofreceré una aproximación sistemática a la cuestión de la (i)legibilidad a partir de Walter Benjamin y Roland Barthes, partiendo de la praxis analítica de Karlheinz Stierle en su libro

---

[1] He esbozado una sucinta tipología en «Cidade e literatura», Gómez-Montero (2007a).

sobre el mito de París en la novela decimonónica[2] para lo que entonces será necesario esbozar los conceptos de Ciudad-Texto y de Ciudad-Sujeto. Después, el cuerpo principal de mi propuesta está constituido por una serie de lecturas ilustrativas a partir del itinerario con objeto de esbozar algunos modelos de su concepción y práctica novelesca en la segunda mitad del siglo XX; para ello será preciso vincular el itinerario a distintas figuras que lo realizan: en particular, el *flâneur*, el vagabundo y el *marcheur* urbanos, sin olvidarnos del nómada emblema del desarraigo cultural en las aglomeraciones urbanas actuales. Así, por último, quedarán ejemplificadas algunos de los discursos antropológicos y culturales que conforman la ciudad hoy en día. Y es que la lectura novelesca de la ciudad no podrá ser sino una lectura de sus discursos.

***

El concepto de legibilidad de la ciudad implica, primeramente, la posibilidad de leer la ciudad como un texto, como el texto del mundo. Es bien sabido que Hans Blumenberg recreó – desde la literatura profana de la Antigüedad hasta la poetología de Mallarmé y Valéry – el «paradigma metaforológico» que concibe el mundo como un libro y que parte de la idea de la creación como libro escrito por el mismo Creador; así en el *Libro de la naturaleza* podrá el hombre discernir las analogías entre el Cielo y la Tierra, y esa lectura verifica las correspondencias entre los órdenes divino y humano[3]. Fue Walter Benjamin quien había adaptado esa metáfora a la lectura de la ciudad, si bien, él partía de la necesidad de descifrar los signos de la ciudad que se nos presenta en los textos literarios como fantasmagoría, p.ej. en los poemas de Baudelaire, donde será proyectada y analizada la realidad económico-social del siglo XIX.

---

2   Stierle (1993).
3   Vid. Blumenberg (1981).

Benjamin atiende sobre todo a los signos de la economía de mercado que determinan su interpretación de los *passages* parisinos (las galerías) como emblema de la sociedad moderna: Su lectura de Paris equivale así a un desciframiento de las estructuras sociales y económicas de la ciudad, y ya que los discursos artísticos suponen un excelente campo de análisis, Benjamin descubrirá en la obra de Baudelaire una vía magnífica para describir también esas estructuras. Es decir, leer el texto de la ciudad será conocerla a partir del armazón de sus signos. La lectura resulta ser un dispositivo de la construcción del sentido si bien los signos no son siempre transparentes para el *flâneur* – que encarna la figura del lector – y quien – como cazador en un bosque – busca en la ciudad los signos que le permitan leerla y descifrarla: su circuito semiótico viene dado por el *Warenmarkt*, por el entramado económico y mercantil que determina el orden social de la urbe. Otros aspectos constituyentes del *flâneur* serán abordados en el estudio de Benjamin sobre Baudelaire, donde asocia al poeta a la figura del detective y del hombre inmerso en la muchedumbre precisando y, al mismo tiempo, diferenciándolo de otros aspectos desarrollados en *Le peintre de la vie moderne* vinculados a la figura del dandy cosmopolita, del bohemio esnobista, etc. En estos términos, el *flâneur* – que por metonimia se convierte en artista – es capaz de analizar la conciencia colectiva al tiempo que emerge en su consciencia el subconsciente del momento histórico de la ciudad que se plasma en las fantasmagorías de la representación textual[4].

El concepto de fantasmagoría implica ya la dificultad de la representación que se prolonga en la dificultad de la lectura, y justifica el recurso al psicoanálisis – como método de lectura del subconsciente tanto personal como colectivo – para descifrar los signos de la ciudad, proceso éste que oscilará por definición entre los polos de transparencia y de opacidad. De ahí que el fantasma

---

4   Vid. el artículo de Christina Bischoff en este mismo volumen; Bischoff (2009).

de la ilegibilidad de los signos de la ciudad acompañe como su sombra a todos los intentos de leerla. La fantasmagoría es solo una forma de desrealización del referente urbano en el texto: también visiones, alucinaciones, ensoñaciones o espejismos macabros denotan siempre el aspecto constructivista de toda representación literaria producto de la imaginación moderna. Las novelas de las ciudades se sustentan gracias al armazón sígnico que construye el texto, son Ciudades-Texto; y en este sentido los conceptos de »Text-Stadtbild« de Andreas Mahler[5] o de »vertextete Stadt« de Lobsien[6] nos recuerdan el específico estatuto literario de la ciudad como texto, como construcción referencial, imaginaria y lingüística. Esta verdad de Perogrullo tiene su transcendencia pues p.ej. en los discursos líricos de la Modernidad, su pertinencia puede reducir considerablemente el alcance de la mímesis a los limites del potencial autorreflexivo del lenguaje o al contrario, puede también dilatar la significación gracias al potencial enunciativo de la figuración.

Igualmente, obvia subrayar que toda mimesis trabaja con la ilusión referencial, incluso la mimesis que proclaman Stendhal cuando califica la novela de espejo en una carretera, la de Balzac al definir su *Comédie humaine* como retablo de costumbres de la sociedad (*tableau des mœurs*) o igualmente la de Champfleury al postular para la pintura la reproducción fotográfica de la realidad. El principio mimético atiende, pues, a la construcción de una ilusión de realidad en el texto por lo que estaremos siempre ante ciudades-texto, cuyas imágenes aparecen tamizadas muchas veces por otros medios, por el mito, la ficción y sus múltiples géneros literarios. Ello conlleva graves consecuencias de cara a nuestros análisis que deberán tener siempre en cuenta los códigos culturales y simbólicos de la representación, las estructuras de enunciación o las estrategias de referencialización y figuración. A este propósito valga recordar que fue el semiólogo Juri Lotman – a

---

5   Vid. Mahler (1999).
6   Vid. Lobsien (1992).

partir de San Petersburgo y su mitificación desde los discursos del poder[7] –, quien caracterizó a la ciudad como un espacio textual definido por la multiplicidad y heterogeneidad de sus códigos de significación: así, habría que añadir, leerlos, descifrarlos y representarlos sería el privilegio del escritor quien, por un lado, los hace converger y, por otro, los despliega uno a uno en el mapa de la escritura. Para Lotman, la ciudad es un *mecanismo semiótico complejo*, lo que sin duda es extensible a los textos literarios que la representan.

Pasemos por alto ahora la sugerente analogía que Barthes establece entre ciudad y poesía (la ciudad sería un poema descentrado que despliega su significación ante quién lo lee[8]) para recordar los paralelismos que el propio Sigmund Freud en *El malestar en la cultura*[9] trazaba entre el desarrollo de la psique humana y la cronología de una ciudad poniendo el ejemplo de Roma cuyas diferentes fases históricas quedaban inscritas en su topografía y en sus ruinas – visibles o no –, igual que las fases de evolución del yo se ocultan tras una fachada al parecer sin fisuras, aunque, no obstante, sigan estando presentes bajo esa superficie y sean recuperables gracias a la memoria. En el posfacio a una antología de poesía urbana contemporánea subrayé la analogía metodológica entre el sicoanálisis y los discursos poéticos, que paralelamente a través de una arqueología de la consciencia transcienden sus capas más profundas adentrándose en el subconsciente, trátese del individual de la persona o del subconsciente colectivo de la ciudad[10]. En efecto, creo que no sólo los 18 poetas de esa antología aprobarían que su escritura fuese definida en los términos de esa correspondencia que Karlheinz Stierle asume para calificar a los poemas de *Les fleurs du mal* como »paisajes alegóricos de la Psi-

---

7   Vid. Lotman (2004).
8   Vid. Barthes (2002).
9   Freud (1994).
10   Vid. Gómez-Montero (2005).

que y de la Ciudad«[11], sino que muchos novelistas subscribirían un programa de intenciones basado en la analogía entre ciudad y subconsciente. Sus paralelismos desde el Ulrich de Musil hasta el Zeno de Svevo, pasando por el Leopold Bloom de Joyce, han permitido documentar la difícil autoafirmación del sujeto moderno ya a comienzos del siglo XX, un sujeto hecho conciencia, las estaciones de sus crónicas crisis, y las tragedias de su fragmentación, autoabolición y final disolución.

Como es sabido, esa debacle fue precedida por una lectura sistemática de los discursos sociales de la ciudad moderna en la novela decimonónica que partía de la confrontación entre naturaleza humana y el proceso civilizatorio y que se cebaba en los conflictos entre individuo y sociedad que definen a una modernidad marcada por la técnica, el racionalismo, las relaciones de interés económico, el dictado de los valores de cambio, en definitiva, por toda una serie de paradigmas funcionales.

Desde el Prefacio de la *Comédie humaine*[12] hasta el ensayo de Georg Simmel de 1903 «Die Großstädte und das Geistesleben» («Las megalópolis y la vida intelectual»[13], que acentúa el papel del individualismo y la cultura para hacer frente a la anonimia y al carácter funcional de las relaciones sociales y económicas en las grandes ciudades modernas) cabría seguir la pista a estos procesos en los grandes frescos narrativos del siglo XIX: desde la tipificación fisionómica y moral que analiza la sociedad del Paris balzaciano hasta las emboscadas que el *milieu* y el determinismo social tienden al individuo en Zola, sin olvidar el Madrid de Pérez Galdós. En perspectiva histórica cabe subrayar que el optimismo racionalista de siglo XIX, su confianza en la legibilidad de la ciudad y en la novela como medio de mimesis social y como espejo crítico de la civilización humana fue perdiendo fuelle con el nuevo siglo; o mejor dicho, la lectura social o estética de la ciudad

---

11   Vid. Stierle (1993), 741.
12   Balzac (1951).
13   Vid. Erdozáin (2009).

perdió crédito debido a la creciente complejidad de los discursos urbanos, lo que legitima la acepción de la ciudad industrial como sujeto, como sistema que se *autorganiza*[14]; este superorganismo se autogenera y organiza a sí mismo fagocitando al individuo. Si – siguiendo en esa línea – la novela decimonónica erige a la ciudad en héroe literario dotado de personalidad propia y convertido en un sujeto colectivo, su autoproliferación lo eleva en la actualidad a la categoría de macrosistema que borra o al menos puede relativizar la jerarquización social y plutocrática; no obstante hay que añadir que todo ello va a dificultar tanto su cognoscibilidad y su representación literaria. Así, en el laberinto de los discursos urbanos la razón y el lenguaje fueron llegando durante el siglo XX a sus límites representacionales, y para leer los signos de la ciudad hubieron de desarrollarse nuevas estructuras de la novela. Más que ilegibilidad de la ciudad los textos a que se aludirá acto seguido narran la historia del oscurecimiento de los signos de la ciudad, la perplejidad y deriva en que queda sumida la conciencia ante la pérdida del significado de los referentes urbanos, así como también dejarán constancia de ciertas tentativas de recodificación.

***

Tras las precedentes alusiones a enfoques que, en novelas y poemas desde el siglo XIX, propiciaron lecturas sociales, estéticas y existenciales de la ciudad, a continuación repasaré toda una serie de itinerarios urbanos en la ficción literaria para perfilar diversas formulaciones del *flâneur* tardío, de donde derivan la figura del vagabundo, la del *marcheur* y la del nómada que vehicularán otras lecturas antropológicas y culturales de las megalópolis actuales. Mis ejemplos se centran en Madrid aludiendo, además, a novelas referencializadas en París.

---

14 Tal es el término que utiliza Steven Johnson, tomado de la teoría de los sistemas complejos, y propuesto en la enciclopedia *Il romanzo*, dirigida por Franco Moretti, I; vid. Johnson (2001), 728.

1 VAGABUNDOS

Franco Moretti ya ponderó la importancia de los itinerarios como recurso narrativo para trazar una cartografía social de Londres y París[15], aunque también podríamos pensar en los trayectos de Fortunata y Juanito Santa Cruz, entre la Plazuela de Pontejos y la Cava de San Miguel hasta Tabernillas, Pelayo y Santa Engracia como fórmula descriptiva del territorio urbano, sus habitantes y condicionamientos sociales, económicos, familiares, libidinales, etc., tal y como en efecto los diseña Pérez Galdós[16]. No obstante, aquí la ciudad es la protagonista y los personajes son meros vehículos de descripción y análisis de los procesos sociales válidos para todo Madrid o paradigmas de desarrollo individual.

El vagabundeo nocturno por Madrid de Martín Marco en el cuarto capítulo de *La Colmena* hace acopio de ese tipo de itinerario en clave social pero incorpora a la vez una dimensión existencial. Su recorrido desde Narváez hasta la Plaza del Marqués de Salamanca (pasando por Diego de León, Príncipe de Vergara y la entonces General Mola) es precedido por la precisa observación de la miseria de la vida urbana:

> Martín Marco vaga por la ciudad sin querer irse a la cama. No lleva encima ni una perra gorda y prefiere esperar a que acabe el metro, a que se escondan los últimos amarillos y enfermos tranvías de la noche. La ciudad parece más suya, más de los hombres que, como él, marchan sin rumbo fijo con las manos en los vacíos bolsillos que, a veces, no están ni calientes –, con la cabeza vacía, con los ojos vacíos, y en el corazón, sin que nadie se lo explique, un vacío profundo e implacable[17].

---

15   Moretti (2001).
16   Vid. Pérez Galdós (2002).
17   Cela (1983), 297–298.

Cuando al llegar desde Lista a General Pardiñas le dan el alto, el deterioro social de la ciudad transparenta la asilvestración humana causada por el orden político establecido: «lleva dentro del cuerpo un miedo espantoso que no se explica, [...] Martín va desbocado. [...] Nada ve claro y hay momentos en que no sabe si está vivo o muerto»[18]. El texto transparenta un subconsciente que refleja una crisis de existencia. Y tras llegar a la calle Montesa, refugiándose al calor de las pupilas de Doña Jesusa, el narrador concluye ese recorrido proclamando la irredención e impotencia de los habitantes de la ciudad:

> La noche se cierra, al filo de la una y media o de las dos de la madrugada, sobre el extraño corazón de la ciudad. Miles de hombres se duermen abrazados a sus mujeres sin pensar en el duro, en el cruel día que quizás les espere, agazapado como un gato montés, dentro de tan pocas horas. Cientos y cientos de bachilleres caen en el íntimo, en el sublime y delicadísimo vicio solitario. Y algunas docenas de muchachas esperan – ¿qué esperan, Dios mío?, ¿por qué las tienen tan engañadas? – con la mente llena de dorados sueños...[19].

En su conjunto, los itinerarios rastreados en el Madrid de Galdós y de Cela presentan una lectura de los discursos sociales y económicos de la ciudad y sus habitantes, atisbándose en qué medida un orden político que congela las libertades aparece como espacio represivo que subyuga al individuo en lo más elemental de su existencia. Quizá *La colmena* soporta todavía una lectura demasiado dominada por la impresión de la postguerra española y en sus contextos literarios, pero en efecto la novela da mucho más de sí[20], y sus discursos implican también la concepción de la ciudad como espacio-sujeto en la que se pueden distinguir espacios de lo

---

18 Cela (1983), 305–306 y 308.
19 Cela (1983), 314.
20 Matzat (1984).

reprimido y del poder, heterotopías, y susceptible de ser cartografiado social e institucionalmente, e igualmente como portador de historia[21]. El itinerario nocturno de Martín Marco documenta la progresiva erosión de la conciencia del *flâneur* que pierde su característica capacidad de leer los signos de la ciudad y cuya pálida sombra apenas se refleja en los vagabundos que irán poblando posteriores novelas; en estas la civilización moderna aparece abocada ya a un desorden y ruina cuyo exponente inapelable será la ciudad postindustrial. Baste aludir a Paul Auster cuyas figuras neoyorquinas tratarán de cartografiar un laberinto caótico y los vestigios apocalípticos de todo un proyecto de emancipación individual, de afirmación de la conciencia subjetiva y de modernización colectiva; así los itinerarios del anciano Stillman de *City of Glass* (capítulo 8) recogiendo objetos sin valor entre la calle 100, la 72, la Amsterdam Avenue y el Riverside Park podrían dar pie a profundizar estas cuestiones[22]. La figura de Stillman (como la de Martín Marco) poco recuerda ya al *flâneur* descrita por W. Benjamin como figura que registra y analiza conscientemente los discursos urbanos[23], sino que más bien tendríamos que definirla como vagabundo descentrado y desorientado, palimpsesto de un sujeto en crisis, agente víctima del proyecto civilizatorio de la Modernidad. También la poesía hispánica sobre Nueva York (desde el lorquiano *Poeta en Nueva York* hasta *Cuaderno de Nueva York* de José Hierro, donde itinerarios y errancias son síntomas de la radical desorientación del sujeto, como ya he descrito en un amplio estudio[24]) aporta un dramático testimonio de la debacle de la metanarración moderna.

---

21 Vid. la tesina de licenciatura de Julia Braun (2009).
22 Vid. Auster (1987).
23 Vid. Benjamin (1974).
24 Vid. Gómez-Montero (2004a).

2   DEL FLÂNEUR AL MARCHEUR

La novela decimonónica alumbró el personaje del *flâneur* como figura de legibilidad de la ciudad. Stierle ya estudió su alcance no sólo como instancia de lectura en clave social, sino también por lo que se refiere a la readaptación que en clave de experiencia estética lleva a cabo Baudelaire. Ambos polos acotan las inminentes transformaciones de esta figura de cognoscibilidad de la ciudad que es el *flâneur* oscilando entre acepción estética como artista y su estatuto de escrutador, observador científico y analista de la sociedad que toma conciencia de los discursos constitutivos de la ciudad. Ambos aspectos convergen en el *flâneur* surrealista entregado a la «science vivante (...) du merveilleux quotidien»[25]. Así lo leemos en el texto *Préface à une mythologie moderne* de L. Aragon en cuyo *Paysan de Paris* (1928) el *flâneur* buscará la emergencia casual de la iluminación repentina, epifanías de lo cotidiano que le permitan mitologizar las galerías, las calles y los parques de la ciudad. Además, ese *campesino* errante por París – como el peripatético narrador en primera persona de *Nadja*, de André Breton – implica una actitud más pasiva, irracional, imaginativa e intuitiva como dispositivo de toma de conciencia de la ciudad.

Tanto el *flâneur* como el vagabundo urbano vistos hasta el momento deambulaban sin dirección fija u objetivo preciso por las calles y plazas de las grandes ciudades. Una variante del concepto de itinerario, por el contrario, incide en los trayectos urbanos que los personajes novelescos recorren en dirección o con propósitos más concretos; el itinerario así pues, tampoco es el paseo del *flâneur*, sino más bien un recorrido por un espacio urbano limitado que suele repetirse – sea cotidiana o sea solo ocasionalmente – y ajustarse a una finalidad específica. A finales del siglo XX, el itinerario parece convertirse en una figura epistemológica apta para

---

25   Aragon (1961), 16.

propiciar una serie de lecturas antropológicas y culturales, siempre dependiendo de la discursividad inscrita en el texto literario.

Michel de Certeau propone el concepto específico de *parcours* para caracterizar a un caminante urbano, un *marcheur* a pie que practica el espacio[26]. Practicar el espacio significa transformar un lugar cualquiera en una escritura personal mediante el itinerario. Pero, ¿cómo subjetivar así el espacio? Entre las propuestas de Certeau se cuenta la de otorgar a los recorridos urbanos significado personal gracias a la memoria individual o cultural, o también la de semantizar en clave privada el espacio urbano público gracias a la costumbre, es decir a su uso reiterado, o en definitiva la de idear otras fórmulas de apropiación imaginaria o empírica del espacio para diseñar un sistema topográfico propio en base a enunciaciones subjetivas.

Como caso paradigmático de tales cartografías peatonales me centro en una escena matritense tomada de las *Memorias de ficción* del escritor gallego César Antonio Molina y que es un buen ejemplo de autoficción. Bajo el título «El tren que se perdió» el narrador evoca como experiencia vivida su recorrido diario por el barrio de Salamanca. En este caso la lectura de la ciudad se efectúa mediante un *parcours*, el trayecto de casa al trabajo, por la calle Goya para coger el metro en la de Alcalá y llegar hasta la estación Banco (que alude al Banco de España, nada más salir de la boca del metro). En el vagón, el narrador recuerda la anécdota de un tren de cercanías que se perdió entre Bristol y Swansea ante la sorpresa de los viajeros que disfrutarán un día de asueto: «Pero inevitablemente, Banco siempre llega y justo me cruzo con aquella muchacha extranjera que vi en algún sueño...«. Y así el narrador llega a su despacho en el Círculo de Bellas Artes, en la Calle Alcalá, del que entonces era Director:

> Desde hace ya varias décadas, todas las mañanas salgo de mi casa de Madrid, en la calle Fundadores. En los últimos

---

[26] Vid. Certeau (1990).

años tengo la suerte de no utilizar el coche. Recorro el final de la calle Goya y, al descender por las escaleras del metro, formo un ángulo entre una de las pensiones en las que vivió César Vallejo, casi sobre la antiquísima librería Rubiños, y el último reducto de Lorca, ambas en la calle de Alcalá. El poeta que cantó a Nueva York salió de allí para cumplir con su destino. Si me girara un poco más y tuviera mayor capacidad de visión, alcanzaría al viejo edificio de la calle Conde de Peñalver, donde Miguel Hernández escribió las «Nanas de la cebolla». No muy lejos de aquí están las varias casas que tuvo Juan Ramón, incluso el viejo edificio melancólico del hospital en donde estuvo recluido en algunos de sus ataques de *spleen*. Voy apresurado entre un bosque de recuerdos, y a veces pienso si lo que ellos veían es lo que aún hoy día veo a medida que me hundo en la boca del antro y todas las fachadas tienden a elevarse. Ahora que voy sentado en el vagón de cabeza, recuerdo la anécdota de los viajeros ingleses y me gustaría pensar que, en vez de la estación de Banco, pudiera bajarme a la vista de un claro del bosque o en alguna parada de otra ciudad que añoro y no dispone de este sistema de transporte. Pero inevitablemente, Banco siempre llega y justo me cruzo con aquella muchacha extranjera que vi en algún sueño y ahora tropiezo y le hago perder su mapa y casi hasta este viaje. ¿Por qué siempre ha de ser así?[27]

En una palabra, el texto ofrece un *récit d'espace* como lo dominaría Michel de Certeau; es decir, el individuo se apropia subjetivamente del espacio urbano otorgando a una acción cotidiana y banal el privilegio de la significación. ¿Que significación? La que instituye el punto de intersección entre conciencia personal y la memoria cultural del lugar. Un espacio en sí masificado y eventualmente laberíntico es cartografiado en la escritura para que la memoria y la conciencia lo habiten: la narración construye

---

27 Molina (2000), 60–61.

el espacio y el *parcours* se convierte en un acto de enunciación subjetiva. No se trata de una visión global ni panorámica, sino parcial y a ras de suelo.

El análisis depara una última sorpresa: en la escritura del espacio se inscribe también una memoria cultural del lugar que adquiere el grosor específico de todo significado simbólico[28]. En el texto existen correspondencias imaginarias no sólo entre los trabajadores ingleses en el tren y el protagonista que se pierde en sus fantasías, memorias y vivencias, ya que es a nivel cultural donde se revelan donde los paralelismos más profundos: La topografía urbana esconde un atlas de la poesía hispánica del siglo XX, y el narrador descubre tras las fachadas los rostros y los versos de César Vallejo, Miguel Hernández, F. García Lorca, Juan Ramón Jiménez... esos nombres restituyen la significación en el discurso poético que estructura la escritura autobiográfico. Las calles y los edificios se vuelven signos significantes gracias a la memoria cultural del lugar. El narrador desentraña así toda una arqueología de la memoria urbana recentrando en ella la conciencia subjetiva. Esa operación sería igualmente posible a partir de recuerdos personales. En suma, el texto propone una lectura postutópica de Madrid que contradice la pauperización funcional de la ciudad y la banalización de las prácticas del espacio en ella.

Gracias a la convergencia de la memoria colectiva de la urbe con la vivencia individual del barrio, el espacio puede ser leído más allá de su mera funcionalidad, como una construcción personal, identificante, habitable y dotada de significación. La conciencia consigue así recentrarse en la ciudad estabilizando su sistema de signos que se presta a ser leído en clave cultural una vez traspasado el umbral de las ruinas del sujeto y la megalópolis.

---

[28] Vid. los acertados planteamientos de A. Ontañón Peredo a propósito de Barcelona; Ontañón Peredo (2004).

3 NÓMADAS Y ... ACELERADOS

Podríamos desarrollar el tema estudiando las transformaciones del itinerario y sus protagonistas en otros hitos de novela postmoderna, lo que nos llevaría a describir una serie de elementos para una antropología negativa derivada de los espacios hiperfuncionales y de los no-lugares que determinan la representación del espacio urbano en los textos. Las lecturas antropológicas de la ciudad en la novela contemporánea inciden con vehemencia en un diagnóstico apocalíptico de la ciudad postindustrial. Así, los itinerarios habituales en las novelas insignias de la actual ultra-modernidad son más bien trayectos en medios de transporte público, como el tren de cercanías que, en *Plataforme* de Michel Houellebecq – un actual exponente de la antropología negativa más conservadora – lleva a la protagonista Valérie y a sus colegas desde céntricos apartamentos a los inmuebles de oficina situados en la periférica *banlieue* de Evry, en las cercanías del aeropuerto de Orly: el RER (donde tiene lugar la agresión a la colega de Valérie), o la autopista – en tanto que red de conexión entre nudos meramente funcionales – y el aparcamiento subterráneo – lugar hipercodificado y en sí laberíntico, campo de proliferación de signos – son los espacios predilectos y emblemas del no-lugar, de los espacios hiperfuncionales, lugares de pasaje, sin memoria ni identidad ni potencial simbólico alguno de significación individual o colectiva. Justamente fue también Marc Augé, el teórico de los *Non-lieux*[29] quien, en *Les ruines circulaires*, ejemplificó con la novela *Je m'en vais* de J. Echenoz el estatuto de *non-lieu* de los aeropuertos como espacio emblemático de la *surmodernité*, verbigracia el de Roissy-Charles de Gaulle, un lugar serializado y sin historia donde el galerista Felix Ferrer agota esperas sin sentido[30]. A la vista de la preferencia de categorías espaciales tan anti-hu-

---

29 Vid. Augé (1992).
30 Vid. Augé (2003).

manistas en la novela contemporánea cabría concluir insinuando si ésta acaso no celebrará con cierto masoquismo la disolución de la ciudad en lugares meramente funcionales, en topo-series de la aceleración, en los areales clonizados del entretenimiento, del consumo, de la sociedad del espectáculo, en definitiva: en no-lugares.

Aunque en general las vías de los trenes de cercanías, los anillos de autovías periféricas o viaductos intraurbanos son los emblemas del aceleramiento que devoran espacio y destierran al *flâneur* fuera de la ciudad, conviene detenernos brevemente en una página de *Je m'en vais*[31] para ejemplificar el deterioro o anulación de la figura del *flâneur*, tradicionalmente una figura de conocimiento ya que de ella se servían Balzac, Baudelaire e incluso Aragon para tomar conciencia de los dispositivos y discursos urbanos. Felix Ferrer es un personaje que se debate entre la aceleración y el desapego. Su percepción del medio urbano está marcada por la indiferencia y, a su vez, él hace de la ciudad un espacio de negociaciones de alcance sólo transitorio, sean sus resultados transacciones libidinales en los apartamentos privados o las propiamente comerciales en la galería de arte, siempre determinadas por el interés (lo que implica la total desublimación del desinterés que caracterizaba el concepto kantiano de belleza como objeto del arte). Felix Ferrer camina por indiferencia e indiferente, sin llegar a establecer relación efectiva con el entorno por donde discurre su trayecto de la galería a casa, poco después de regresar de su expedición al norte de Canadá en busca del mejor arte esquimal del que va a hallar un excelente lote:

> Mais personne aujourd'hui ne se retourne et Ferrer va rentrer chez lui. Comme aucun taxi libre ne se présente – lumineux allumé, globes répétiteurs éteints –, comme le temps le permet généreusement, il n'est pas invraisemblable de rentrer chez soi à pied. C'est assez loin mais c'est réalisable et

---

31 Vid. Echenoz (1999).

> un peu d'exercice ne pourra que mettre un peu d'ordre dans les idées de Ferrer, encore brouillées par ce qui lui reste de décalage horaire.
> Et ses idées, dans le désordre, compte non tenu des souvenirs, concernent l'assureur et le marchand de coffres qu'il doit appeler, un devis de socleur qu'il faut renégocier, Martinov qu'il convient de relancer vu qu'il est en ce moment son seul artiste un peu en pointe, puis l'éclairage de la galerie est à repenser totalement en fonction des nouvelles antiquités ; puis il s'impose enfin de savoir s'il va rappeler Sonia ou pas.
> Et le spectacle urbain, dans l'ordre, à mesure qu'il s'approche de la rue d'Amsterdam en zigzaguant sur les trottoirs entre les étrons de chiens, offre notamment un type à lunettes noires qui extrait un gros tambour d'une Rover blanche, une petite fille qui déclare à sa mère qu'elle a choisi, tout bien réfléchi, l'option trapèze, puis deux jeunes femmes qui s'entre-égorgent pour une place de parking suivies d'une camionnette frigorifique qui s'éloigne à bonne allure[32].

Si el primer párrafo subraya claramente la banalidad del acontecer, la carencia de motivación real del itinerario, el tercero acentúa la indiferencia del protagonista ante el espectáculo que ofrece el fragmento de ciudad avistado: No sólo la banalidad de acciones cotidianas sin mayor significación y la arbitrariedad del familiar inventario de máquinas y personas unidas por relaciones pragmáticas o de violencia, sino también la incapacidad de Felix Ferrer de leer los signos que ofrece la vía pública y de lo que allí realmente acontece, entre lo cual se cuenta el robo que acaba de perpetrarse en su mísmisima galería (pues en el furgón que él ve pasar van cargados los objetos traídos del Canadá).

Aun así se constata una diáfana correspondencia entre la arbitrariedad en el espacio público y el desorden personal (ideas, recuerdos, proyectos y obligaciones inmediatas) así como la indeci-

---

32 Echenoz (1999), 142–143.

sión en el plano más privado, cuyo referente más emblemático en el fragmento citado es Sonia. Esta misma incertidumbre, además, conecta con la permutabilidad del *objet du désir*, ya que en Sonia se repite mecánicamente – y con el mismo desapego o desarraigo – el dispositivo libidinal que se le había disparado ocasionalmente, tanto en Port Radium con la joven nativa como antes en el barco la única mujer a bordo. También en cuanto a los discursos del subconsciente plasmados en el instinto sexual son válidas las categorías de la indiferencia, arbitrariedad e intercambiabilidad con que Peter Zima define la constelación postmoderna[33].

El desapego de Ferrer es índice de un desarraigo que, hasta cierto punto, le convierte en nómada dentro de su misma ciudad, respondiendo así plenamente a por lo menos un aspecto de la observación de K. White acerca de que «historiquement les nomades ne sont pas ceux qui bougent à la manière des migrants, au contraire ce sont ceux qui ne bougent pas, et qui se mettent à nomadiser pour rester à la meme place en échappant aux codes»[34]. En ciertas novelas aparece otro tipo de caminante urbano de a pie, en una variante muy representativa que cartografía el espacio heterogéneo, en constante cambio y culturalmente híbrido propio de las megalópolis occidentales. Me refiero al nómada, al migrante desarraigado y desplazado y que contrasta vivamente con el *marcheur* matritense de «El tren que se perdió» en *Vivir sin ser visto* – cuya fantasía y lecturas ciertamente le hacen partícipe de una identidad nómada, pero no tanto sustancial sino culturalmente, mediante la imaginación –, ya que a este migrante (Idriss, nómada a su vez) le sería imposible reconstruir el circuito semiótico que dinamiza en el espacio el *marcheur* gracias a su enraizamiento cultural en la ciudad. Eso es exactamente lo que ocurre en la novela *La goutte d'or* de Michel Tournier[35] en la que el joven pastor magrebí-berebere Idriss llega a Paris desde el oasis Tabelbala. Allí será víctima

---

33   Zima (1997).
34   White (1987), 66.
35   Vid. Tournier (1986).

de su propia *translatio* o desplazamiento que neutraliza su propia cultura sin poder adquirir otra[36]. La novela es no sólo una historia de desencuentro entre Occidente y Oriente, entre el Magreb y Europa, sino que también ejemplifica la figura más original del nómada – sin historia pero con geografía –, que por *translatio* metafórica se convierte en emblema del sujeto contemporáneo, entendido en realidad como no-sujeto, a la deriva y cuyas huellas patogenéticas retiene su paso acelerado por las redes urbanas que conforman hoy día una geografía globalizada[37].

El nómada (Idriss) es incapaz de leer los signos de Paris, y carece de referencias que le habiliten para codificar su itinerario, de modo que la extraña pareja que forma con el camello – en Paris extraña – es una metáfora del desplazamiento del nómada, representa la irreductibilidad de identidad y alteridad en términos culturales y subraya, en términos topográficos, la diferencia radical de oasis / naturaleza y metrópolis / civilización, que son respectivamente espacios del origen o del desarraigo. Así, Idriss, el nómada, encarna por metonimia el desplazamiento cultural que define hoy al tipo migratorio característico en Oriente y Occidente.

***

Concluyamos tanteando el alcance de los modelos y categorías analíticas aplicadas esbozando paradigmas de lectura antropológica de la ciudad, a veces constructivista, a veces anti-humanista. Entre esos polos en que se enmarca el diálogo entre conciencia y ciudad en la novela actual gana cuerpo el diagnóstico generalizado del estatuto de sujeto que – en detrimento de sus habitantes – ha adquirido la ciudad, cuyos discursos constata la representación literaria y si acaso la analiza. La dificultad de perpetuar el tipo de lecturas sociales y estéticas o mitologizantes propias del *flâneur* del siglo XIX – coronadas por la novela surrealista – abren

---

36   Vid. la tesina de Valéry Wetter (2009).
37   White (1987).

paso a otro tipo de legibilidad cultural y simbólica de los signos de la ciudad, de los elementos de su morfología arquitectónica y urbanista. Pero esta polarización entre modelos humanistas de lectura urbana y perfiles de una antropología negativa sería ya otro tema que se estudiará a conciencia en el tercer seminario del Programa Intensivo URBES EUROPAEAE en Santiago de Compostela.

REFERENCIAS BIBLIOGRÁFICAS

Aragon, L. (1961), *Le paysan de Paris*, París.
Augé, M. (2003), *Le Temps en ruines*, París.
Augé, M. (1992), *Non-lieux. Introduction à une anthropologie de la surmodernité*, París.
Auster, P. (1987), *City of glass*, New York.
Balzac, H. de (1951), «Avant-propos de la Comédie humaine», en: *La comédie humaine* I, éd. M. Bouteron, París, 3–16.
Barthes, R. (2002), «Semiologie et urbanisme», en: *Œuvres complètes* II *(1962–1967)*, París, 1277–1286.
Baudrillard, J. (1991), «Kool Killer oder der Aufstand durch Zeichen», en: *Der symbolische Tausch und der Tod*, München, 120–130.
Benjamin, W. (1991), *Das Passagen-Werk. Gesammelte Schriften* V, ed. R. Tiedemann, Frankfurt a. M.
Benjamin, W. (1974), *Charles Baudelaire. Ein Lyriker im Zeitalter des Hochkapitalismus*, Frankfurt a. M.
Bischoff, C. J. (2009), «La métropole et l'avant-garde. Visualité et scripturalité dans *Nadja* d'André Breton», en: J. Gómez-Montero / C. J. Bischoff (eds.), *Urbes europaeae. Modelos e imaginarios urbanos para el siglo XXI. Paradigmes et imaginaires de la ville pour le XXIe siècle*, Kiel, 84–105.
Blanco Martínez, R. (1999), *La ciudad ausente. Utopía y utopismo en el pensamiento occidental*, Madrid.
Blumenberg, H. (1981), *Die Lesbarkeit der Welt*, Frankfurt.

Braun, J. (2009), *Literarische Inszenierung Madrids im Romanwerk Camilo José Celas. Cuadernos SymCity* 2, www.uni-kiel.de/symcity/ (Tesina de licenciatura, 2008).

Breton, A. (1972), *Nadja*, París.

Castells, M. (1995), *La ciudad informacional*, Madrid.

Cela, C. J. (1983), *La Colmena*, Barcelona.

Certeau, M. de (1990), «Pratiques d'espace», en: *L'invention du quotidien* I. *Arts de faire*, París, 139–191.

Echenoz, J. (1999), *Je m'en vais*, París.

Erdozáin, A. (2009), «Ambivalencias de la gran ciudad en F. Tönnies y G. Simmel: comunidad e individualidad», en: J. Gómez-Montero/C. J. Bischoff (eds.), *Urbes europaeae. Modelos e imaginarios urbanos para el siglo XXI. Paradigmes et imaginaires de la ville pour le XXIe siècle*, Kiel, 106–126.

Freud, S. (1994), *Das Unbehagen in der Kultur*, Frankfurt a. M.

Früchtl, J. (1998), «Gesteigerte Ambivalenz. Die Stadt als Denkbild der ‹Post/Moderne›», en: *Merkur. Deutsche Zeitschrift für europäisches Denken* 594–95, 766–780.

García Canclini, N. (1997), *Imaginarios urbanos*, Buenos Aires.

Gómez-Montero, J. (2007a), «Cidade e literatura», en: L. Rodríguez (ed.), *IV Encuentro de Escritores Galegos. Pazo de Mariñán, 24–26 de novembre de 2006*, A Coruña, 13–28.

Gómez-Montero, J. (2007b), «(I)legibilidad y reinvención literarias de la ciudad», en: *SymCity* 1, www.uni-kiel.de/symcity/.

Gómez-Montero, J. (2007c), «Urbs mythica – Cidade submisa – Futura polis. Pautas de lectura de Compostela na narrativa de Suso de Toro», en: *Anuario Grial de Estudos Literarios Galegos*, 24–39.

Gómez-Montero, J. (2005), *Cuando va a la ciudad, mi Poesía. Das Gedicht und die Stadt. Gegenwartslyrik aus Spanien (1980–2005)*, Madrid.

Gómez-Montero, J. (2004a), «Nueva York – Buenos Aires – Santiago de Compostela. Ruina y restitución del centro en la poesía hispánica del siglo XX», en: S. Grundwald/C. Hammerschmidt/V. Heinen/G. Nilsson (eds.), *Pasajes – Passages – Passagen. Homenaje a Christian Wentzlaff-Eggebert*, Sevilla, 215–238.

Gómez-Montero, J. (2004b), «L'architecture et poésie des villes», en: L. Richer (ed.), *Actes de la Journée d'Études Littérature et Architecture*, Lyon, 215–238.

Gómez-Montero, J. (2001), «Santiago de Compostela or the obsession with identity», en: J. R. Resina (ed.), *Iberian Cities*, New York / London, 18–32.

González Quirós, J. L. (ed.) (2003), *Ciudades posibles*, Madrid.

Hönig, D., *Der ‹flâneur› als Stadtdenker. Joan de Sagarras ‹Crónicas urbanas›. Cuadernos SymCity* 3, www.uni-kiel.de / symcity / (Tesina de licenciatura, 2009).

Houellebecq, M. (2001), *Plateforme*, París.

Ingenschay, D. / Buschmann, A. (2000), *Die andere Stadt. Großstadtbilder in der Perspektive des peripheren Blicks*, Würzburg.

Johnson, S. (2001), «Complessitá urbana e intreccio romanzesco», en: F. Moretti (ed.), *Il romanzo* I, Torino, 727–745.

Kostof, S. (1993), *Die Anatomie der Stadt. Geschichte städtischer Strukturen*, Frankfurt a. M. / New York.

Kostof, S. (1992), *Das Gesicht der Stadt. Geschichte städtischer Vielfalt*, Frankfurt a. M. / New York.

Lehan, R. (1998), *The City in Literature – an Intellectual and Cultural History*, Berkeley / Los Angeles / London.

Lobsien, E. (1992), «Großstadterfahrungen und die Ästhetik des Strudelns», en: M. Smuda (ed.), *Die Großstadt als »Text«*, München, 183–198.

Lotmann, Ju. (2004), «Símbolos de Petersburgo y problemas de semiótica urbana», en: *Entretextos* 4, www.ugr.es / ~mcaceres / entretextos.htm.

Lynch, K. (1960), *The Image of the City*, Cambridge, Mass.

Mahler, A. (1999), *Stadt-Bilder. Allegorie. Mimesis. Imagination*, Heidelberg.

Matzat, W. (1984), «Die Modellierung der Großstadterfahrung in Camilo José Celas Roman *La colmena*», en: *Romanistisches Jahrbuch* 35, 278–302.

Molina, C. A. (2000), *Vivir sin ser visto. Memorias de ficción*, Madrid.

Mongin, O. (2005), *La condition urbaine*, París.

Moretti, F. (2001), *Atlas de la novela europea. 1800–1900*, Madrid.

Mumford, L. (1984), *Die Stadt. Geschichte und Ausblick*, 2 tomos, München.

No-Ciudad. Sileno 14–15 (2003).

Ontañón Peredo, A. (2004), *Los significados de la ciudad. Ensayo sobre memoria colectiva y ciudad contemporánea*, Barcelona.

Pérez Galdós, B. (2002), *Fortunata y Jacinta*, Madrid.
Popeanga, E. / Fraticelli, B. (eds.) (2002), *Historia y poética de la ciudad. Estudios sobre las ciudades de la Península Ibérica*, Madrid.
Roncayolo, M. (1997), *La ville et ses territoires*, París.
Santos Zas, M. (2007), «La ciudad y su representación literaria: *Luces de bohemia*, de Valle-Inclán», en: *Diacrítica* 21 / 3, 171–198.
Sennett, R. (1990), *Civitas. The conscience of the eye: The Design and Social Life of Cities*, New York.
Simmel, G. (1995), «Die Großstädte und das Geistesleben», en: *Aufsätze und Abhandlungen 1901–1908. Gesamtausgabe 7*, ed. O. Rammstedt, Frankfurt a. M., 116–131.
Stierle, K. (1993), *Der Mythos von Paris. Zeichen und Bewusstsein der Stadt*, München.
Tournier, M. (1986), *La goutte d'or*, París.
Wetter, V. (2009), *Entre l'Orient et l'Occident: Konstruktion und De-Konstruktion von Lebensräumen in ‹La goutte d'or› von Michel Tournier. Cuadernos SymCity* 1, www.uni-kiel.de / symcity / (Tesina de licenciatura, 2008).
White, K. (1987), *L'Esprit nomade*, París.
Zima, P. (1997), *Moderne / Postmoderne*, Tübingen / Basel.

‹Mapping the Unmappable›: Giro espacial, Ciudad Posmoderna, Ciberciudad

Manuel del Río (Universidade de Santiago de Compostela)

La época actual quizá sea sobre todo la época del espacio. Estamos en la época de lo simultáneo, estamos en la época de la yuxtaposición, en la época de lo próximo y lo lejano, de lo uno al lado de lo otro, de lo disperso. Estamos en un momento en que el mundo se experimenta, creo, menos como una gran vida que se desarrolla a través del tiempo que como una red que une puntos y se entreteje. Tal vez se pueda decir que algunos de los conflictos ideológicos que animan las polémicas actuales se desarrollan entre los piadosos descendientes del tiempo y los habitantes encarnizados del espacio[1].

1 *MILLE PLATEAUX*, O LA CENTRALIDAD CONTEMPORÁNEA DEL ESPACIO

Los últimos años han asistido en varios campos de la teoría a lo que podríamos llamar un auténtico cambio de paradigma: el

---

1 Foucault (1984).

‹Giro Espacial›. En las palabras de Marc Augé: «Para un cierto número de intelectuales, el tiempo ya no es hoy un principio de inteligibilidad»[2]. Empezando por el Foucault arriba citado, siguiendo por varios de los pensadores que conformarían la *doxa* Post-estructuralista y, después, Post-Moderna, se hace perceptible un rechazo a las formas de pensar fuertemente temporales del Modernismo (literario y filosófico) y la búsqueda de nuevas alternativas descentradas, no lineales, anti-narrativas, o de una narratividad más fragmentaria, que desplazan el pensamiento hacia el espacio, la geografía y el mapa, este último pasando a funcionar como una nueva y compleja meta-metáfora productiva.

Sería prolijo trazar la genealogía completa de este giro, aunque escuetamente, podemos mencionar algunos autores y campos clave: *La Production de l'espace*, de Henri Lefebvre, es seguramente la obra liminar[3], influyendo directamente a los geógrafos sociales de corte (pos)marxista (David Harvey, Edward Soja) que adoptarán buen parte de sus postulados[4], y a varios de los pensadores franceses de los años 60 en adelante (Deleuze, Derrida, Lyotard, Baudrillard...[5]) que encontraban así un nuevo aliado en sus proyectos de deconstrucción. Bebiendo de todos ellos, Fredric Jameson («Un cierto giro espacial ha parecido ofrecer, con frecuencia, una de las formas más productivas de distinguir al posmodernismo del modernismo propiamente dicho»[6]) presenta a lo largo de su magnum opus *Postmodernism, or the Cultural logic of late capitalism* el ‹debilitamiento de la historicidad› como uno de los elementos determinantes de la posmodernidad, y la necesidad de recurrir a ‹mapas cognitivos› en la lucha por articular y dotar de sentido nuevo a prácticas estéticas y políticas[7].

---

2   Augé (2005), 31.
3   Lefebvre (1991).
4   Vid. entre otros volúmenes Harvey (2005), (2006), y Soja (1989), (2000).
5   Sólo por mencionar las obras más representativas: Deleuze / Guattari (1983), Derrida (1997), Lyotard (1999), Baudrillard (1994).
6   Jameson (1991), 154.
7   No vamos a entrar en profundidad sobre el espacio en Jameson y *Postmodernism* aparte de lo ya dicho y de subrayar la gran importancia que

El campo de la teoría literaria también se verá afectado, siendo estas imágenes y ordenamientos espaciales la puerta de apertura de una ruptura con la linealidad y narratividad de los modelos e historias literarias ‹tradicionales›. En palabras de Cabo Aseguinolaza:

> En ese sentido, no debe perderse de vista la desconfianza hacia las formas narrativas más ortodoxas que se encuentra tras la opción de buena parte de estos proyectos más recientes por las formas de tipo espacial, alejadas de la pura secuencialidad narrativa, que sugieren así mismo el abandono de la concepción del tiempo histórico que dio sentido a la historia literaria en su etapa clásica[8].

Entre las propuestas innovadoras en este campo podemos destacar la historia de la literatura francesa coordinada por Denis Hollier[9], los mapas, gráficos y árboles de Franco Moretti, objeto de publicación e intenso debate en las páginas de la *New Left Review*[10] o la opción claramente espacial en las propuestas patrocinadas por la ICLA de historias comparadas de los países escandinavos, de la península ibérica, del oeste de África o de América latina.

---

ocupa en esta obra; en ella, el capítulo 1 desarrolla una célebre descripción del Hotel Bonaventure y del nuevo espacio arquitectónico de la posmodernidad; el capítulo 6 en su totalidad es una reflexión sobre el giro espacial aplicado («Utopianism After the End of Utopia / Space») y la conclusión toca temas espaciales en sus apartados VIII («Spatial Historiographies») y en el último y crucial apartado XI («How to Map a Totality»); vid. Jameson (1991).

8   Cabo (2004), 22.
9   Hollier (1994).
10 Moretti (2003), (2004a), (2004b), (2006).

2 ‹NO MAPS FOR THESE TERRITORIES›:[11] CARTOGRAFÍAS LITERARIAS, TEÓRICAS, URBANAS

El mapa, decíamos, pasa a ocupar una posición trascendental. Unos mapas, sin embargo, leídos y encuadrados en esta lógica del descentramiento, atados a la ardiente rueda de Ixión, arrastrando reiteradamente la piedra de Sísifo del mapear inmapeable de una realidad que ha renunciado, ya sea por ingenua o por imposible, a la posibilidad de totalización (incluyendo, evidentemente, la de estos mismos mapas). Así – según Cavallaro –

> los mapas son metáforas, figuras, o tropos, y no deberían, por lo tanto, ser confundidos con la realidad literal [...]. Los mapas son textos deconstructivos (es decir, auto-desmontadores). Son constructos abstractos basados en la selección de detalles que pertenecen a una situación geográfica contingente[12].

Un modelo muy similar de este tipo de mapas es el que expresan Deleuze y Guattari en «Rizoma», la introducción a *Mil Mesetas*:

> El mapa es abierto, conectable en todas sus dimensiones, desmontable, alterable, susceptible de recibir constantemente modificaciones. Puede ser roto, alterado, adaptarse a distintos montajes, iniciado por un individuo, un grupo, una formación social. Puede dibujarse en una pared, concebirse como una obra de arte, construirse como una acción política o como una meditación[13].

---

11 Título de un documental del año 2000, obra de Mark Neale, alrededor de la figura del escritor de ciencia ficción William Gibson.
12 Cavallaro (2000), 134.
13 [13] Deleuze / Guattari (1988), 12.

Varios de los estudios de la ciudad posmoderna danzan alrededor de la caótica construcción/destrucción de mapas ‹totales› y escenarios urbanos que se re-inscriben y de-inscriben a sí mismos sin cesar. Al respecto, no deja de ser significativo el que las imágenes de Jorge Luis Borges sirvan de *frontis* tanto al célebre comienzo de *Simulacra and Simulation* de Jean Baudrillard, y a un capítulo esencial de *Postmodern Geographies*, de Edward Soja: en un caso, la apropiación/subversión de la fábula del país cubierto por su mapa, «rompiéndose poco a poco hasta convertirse en ruinas, algunas aún visibles en los desiertos»[14], sirve de punto de partida, anti-imagen del nuevo Simulacro. «Incluso invertida», dice Baudrillard, «la fábula de Borges es inutilizable. Sólo persiste, quizás, la alegoría del Imperio. Porque es con el mismo imperialismo con el que los simuladores de hoy intentan hacer que lo real, todo lo real, coincida con sus modelos de simulación»[15]. En el caso de Soja, la imagen es el *Aleph* Borgiano, el todo-unido-espacial tan elusivo e insometible a la lógica secuencial del discurso, que se infla para metaforizar un Los Ángeles objeto de estudio:

> Los Ángeles, como el Aleph borgiano, es extremadamente difícil de rastrear, especialmente resistente a la descripción convencional. Es difícil de atrapar de modo persuasivo en una narrativa temporal, ya que genera demasiadas imágenes conflictivas, confundiendo la historización, siempre pareciendo extenderse lateralmente, en vez de secuencialmente. Al mismo tiempo, su espacialidad es un reto para la interpretación y el análisis ortodoxo, ya que también parece carente de límites y en constante movimiento[16].

---

14 [14] Borges (1987), 144.
15 Baudrillard (1994), 1.
16 Soja (1989), 222.

Mas aquí es donde los dos autores, consonantes con sus distintos proyectos, se separan, compartiendo tan sólo el espacio escogido de Los Ángeles como paradigma de la ciudad Posmoderna. En ‹Taking Los Angeles Apart›, Soja ofrecerá, a pesar de sus propuestas alternativas, una lectura bastante tradicional (si queremos, científico-descriptiva, y claramente heredera del marxismo y la teoría crítica): lo inmapeable es objeto de un intento de mapeamiento. El estudio de los diferentes espacios revela el pasado y el presente: el complejo militar-industrial que rodea las sesenta millas de la ciudad es presentado como una de las realidades reificadas de una ciudad que exhibe el simulacro del espectáculo (Hollywood) y la tecnología informática y disimula su auge y superación de la crisis industrial del pasado (el momento modernista, anclado en una geografía de barrios empobrecidos y oxidados) a través de un keynesianismo militar acelerado (irónicamente, el ‹Warfare Estate›). Las imágenes panópticas – que nos remiten a Foucault y a un modelo que, sin embargo, encaja mal con la ciudad descentrada y postindustrial[17] – asoman en el centro histórico, núcleo político y de control acompañado de las altas torres del capitalismo transnacional:

> Esta visión del panorama contiene los castillos apretados y las catedrales del poder corporativo, el brillante y nuevo ‹distrito central de negocios›, vecino de su envejecido predecesor

---

17 Decimos «encaja mal», y al respecto estamos de acuerdo con las reflexiones de Gilles Deleuze cuando afirma que el modelo panóptico, o disciplinario, de control social se ha visto sustituído por otro distinto (el de control), en el que las nuevas tecnologías posibilitan nuevas formas de represión a través de las redes extensas de control y vigilancia electrónica. En este sentido, la ruptura (o por lo menos, la crisis) de los espacios disciplinarios y cerrados no abre la puerta de las libertades, sino que tan sólo introduce otra forma de dominación, «con ‹sujetos digitales› que pueden ser investigados, controlados, seguidos y mercantilizados, sujetos que en una cierta forma, se controlan a sí mismos mediante su participación en las redes extensas de un sinfín de enlaces electrónicos que siempre dejan atrás huellas digitales»; Deleuze (2004), 73.

justo al este. Aquí también los ojos interminables del LAleph se mantienen abiertos y reflexivos, mirando hacia afuera y reflejando las esferas globales de influencia, localizando al mundo justo al alcance de la mano[18].

Deconstrucción del centro, atomización-compartimentación en barrios cerrados según etnia, medios, condición y proyectos de vida, enmascaramiento del trabajo – esa mano de obra barata, multinacional que sólo asoma en la pintoresca fachada de los barrios étnicos – en el marco de una ciudad disneyficada y con invisibles inspectores a pesar de las apariencias de libertad de elección. Afirma Soja:

> Debajo de la manta semiótica perdura el orden económico, una estructura nodal instrumental, una división espacial del trabajo esencialmente explotadora, y este sistema urbano espacialmente organizado ha sido, durante el último medio siglo, más continuamente productivo que casi cualquier otro en el mundo. Pero también ha sido progresivamente reificado, escondido a la vista, en un ambiente más especializado en la producción de mistificaciones omniabarcadoras que en prácticamente cualquier otro lugar [...]. Cuando todo lo que se ve es tan fragmentario, tan lleno de capricho y pastiche, los duros bordes del paisaje capitalista, racista, patriarcal parecen esfumarse en el aire[19].

Como era de suponer, una aproximación distinta del mismo tema viene ser el objeto de otro libro de Jean Baudrillard: *América*[20]. A través de una serie de fotografías y pequeños fragmentos

---

18   Soja (1989), 223.
19   Soja (1989), 246.
20   Vid. Baudrillard (1989). – Sin embargo, es notable que el autor no escape de una esperable lectura-interpretación estética del Hotel Bonaventure (también presente como ejemplo en Soja), que se ha convertido (ya desde la referencia clásica de F. Jameson) en la encarnación arquetípica

de la crítica teórico-poética a la que el autor nos tiene (tenía) acostumbrados, el continente y la ciudad que nos ocupan alumbran en pequeños chispazos inconexos, en ricas y electrónicas descripciones que evocan las de la literatura de ciencia-ficción:

> No hay equivalente a volar sobre Los Angeles de noche. Una especie de luminosa, geométrica, incandescente inmensidad, extendiéndose tan lejos como alcanza la vista, explotando en cada hendidura de las nubes. Tan sólo el infierno de Hyeronimus Bosch puede competir con este efecto infernal. La fluorescencia mutada de todas las diagonales: Willshire, Lincoln, Sunset, Santa Monica [...]. Esta ciudad condensa de noche toda la futura geometría de las redes de relaciones humanas, brillantes en su abstracción, luminosas en su extensión, astrales en su reproducción del infinito. Mulholland Drive de noche es el punto de vista privilegiado del extraterrestre sobre la tierra o, al revés, el punto de vista privilegiado del humano cuando contempla la metrópolis galáctica[21].

Pasión por las imágenes que rima, teóricamente, con las visiones de un Richard Lehan, que escribiendo precisamente desde esa Los Angeles sideral añade:

> Una vez que la ciudad se convierte en un sistema de signos, necesitamos el significante trascendental (sea Dios, la naturaleza, la historia o la mente racional) para mantener los otros signos en su sitio [...]. Sin un significante trascenden-

---

de la posmodernidad, ‹the (post-modern) universe in a nutshell›, si se nos permite la imagen: «Bloques como el hotel Bonaventure pretenden ser perfectas y auto-suficientes ciudades en miniatura. Pero se cortan a sí mismas de la ciudad más de lo que interaccionan con esta. Dejan de verla. La reflejan / rechazan, como una superficie oscura. Y no puedes salir del edificio mismo. Ni tampoco puedes medir su espacio interno, pero carece totalmente de misterio»; Baudrillard (1989), 60.

21 Baudrillard (1989), 51–52.

tal, los signos urbanos comienzan a flotar, y el sentido cede el lugar al misterio. Visto desde dentro de un sistema tan inestable como el sistema de la lengua de Derrida, la ciudad pierde el argumento de ser ‹real›[22].

Enfatizando los aspectos distópicos del Los Ángeles posmoderno tenemos también la *City of Quartz*, de Mike Davis[23], cuyas lecturas de la ciudad remiten con frecuencia a la película *Blade Runner* y a un futuro al que L.A. parecería aspirar de modo consciente; de nuevo, como en los estudios de Soja, vemos una ciudad convertida en estado de alta seguridad, en espacio de control y de contenimiento, y aparece el «efecto de fortaleza» no como un fallo de diseño, sino como una deliberada estrategia socio-espacial.

El énfasis en la pérdida de realidad y el propio libro de Davis (no es accidental que lo adorne una cita de William Gibson, que sugiere que la obra de Davis es más cyberpunk que la suya propia) nos sirven de puente para el tránsito hacia la Ciberciudad y sus antecedentes literarios, centrados en el género *cyberpunk* de la ciencia ficción contemporánea, y emblemáticamente, en la novela *Neuromancer*, de Gibson[24]. En sus lecturas distópicas de una sociedad artificial y urbanizada en descomposición, de una espacialidad descentrada, bajo el control de grandes corporaciones transnacionales, pero al mismo tiempo altamente tecnificada (sobre todo en las esferas de la cibernética, la biotecnología y las tecnologías de la información), los paisajes de la ciudad postindustrial se unen con el desarrollo metaforizado de los mundos virtuales y en red, con la «ciudad electrónica», *Cyberspace, Metaverse, the Matrix, the Wired*.

Ya sea lo que Baudrillard llama cultura telemática, o lo que los escritores de Ciencia Ficción describen como la Tela, la

---

22 Lehan (1998), 265.
23 Davis (2006).
24 Gibson (1984).

Red, la Cuadrícula, la Matriz o, de un modo más exitoso, el Ciberespacio, existe el reconocimiento generalizado de que ha aparecido una espacialidad nueva y descentrada que existe en paralelo con, pero fuera de, la topografía geográfica de las realidades de la experiencia[25].

El espectro de las ciudades virtuales recorre las páginas del *cyberpunk*[26] precisamente con unos cuantos años de antelación al desarrollo entre el gran público de todos estos mecanismos y nuevas tecnologías. La ciudad posmoderna es reconceptualizada para añadirle las redes de información y sus velocidades increíbles de tránsito e intercambio, la metáfora electrónica y descorporeizada, el flujo de imágenes intercambiables imposibles de someter a límites definidos. «Las ciudades», dice Manuel Castells, «son estructuradas y desestructuradas al mismo tiempo por las lógicas en competición del espacio del fluir y el espacio de los lugares. Las ciudades no desaparecen en las redes virtuales. Pero se ven transformadas por el interfaz entre la comunicación electrónica y la interacción física, por la combinación de redes y lugares»[27]. Ambos espacios (el virtual y el urbano) se presentan como implosionados, amorfos, sin límites. El foco hacia el espacio interior (prefigurado por los desarrollos de la teoría del caos y los fracta-

---

25 Bukatman (1993), 105.
26 No sólo el *cyberpunk*, aunque este sea su espacio privilegiado. Uno de sus inspiradores de la New Wave, el escritor afro-americano de ciencia ficción Samuel R. Delany describía en 1984 (el mismo año de publicación de *Neuromancer*) y en su novela *Stars in My Pocket Like Grains of Sand* a la ciudad virtual en los siguientes términos: «De una cierta manera, los complejos urbanos pronto se transforman en una muestra intensificada de los productos que produce el geosector a su alrededor, por lo que un punto de transferencia gratuito de data se convierte en un tipo de ciudad parcial contra el telón de fondo de la noche, la imagen de una ciudad sin la sustancia de una ciudad, ganando lo que sólidamente posee a partir de las infinitas redes cruzadas de data»; Delany (2004), 69.
27 Castells (2004), 85.

les) va acompañado de un deseo de exploración ‹física› de los espacios electrónicos, para el cual la ciudad posmoderna funciona como modelo, y la ciencia ficción (acostumbrada a una labor de cartografía de espacios inhabituales) de guía. Al mismo tiempo, la yuxtaposición física y electrónica alumbra una necesaria nueva reconceptualización de estos espacios:

> En un mundo de telecomunicación y computación ubicua, cuerpos electrónicamente aumentados, arquitectura postinfobahn y grandes negocios de bits, la idea misma de la ciudad es cuestionada, y debe ser eventualmente concebida de nuevo. Las redes de ordenador se convierten en tan fundamentales para la vida urbana como la red de calles. Memoria y espacio de pantalla se convierten en un tipo de bienes raíces valiosos y buscados. Una buena parte de la acción cultural, política, social y económica se reorienta hacia el ciberespacio[28].

Varias herramientas conceptuales resultan útiles para el estudio de estos nuevos espacios peculiares. Como «espacios otros», no podemos dejar de pensar en las *heterotopías* de Michel Foucault[29]. Los peligros del reino del hada electricidad y de las arquitecturas laberínticas de la ciudad postindustrial parecen verse evocados en reflexiones que ponen el énfasis en las estrategias ocultas de exclusión que esconden estos dos lugares («todo el mundo puede entrar en los emplazamientos heterotópicos, pero a decir verdad, esto es sólo una ilusión: uno cree penetrar, pero por el mismo hecho de entrar, es excluído»[30]) o en el carácter de juego de espejos, reflejo mutuo y/o de las condiciones económicas y sociales del capitalismo tardío, como refiere:

> Son, respecto del espacio restante, una función. Ésta se des-

---

[28] Mitchell (1997), 107.
[29] Vid. Foucault (1984).
[30] Foucault (1984).

pliega entre dos polos opuestos. O bien tienen por rol crear un espacio de ilusión que denuncia como más ilusorio todavía todo el espacio real [...], o bien, por el contrario, crean otro espacio, otro espacio real tan perfecto, tan meticuloso, tan bien ordenado, como el nuestro es desordenado, mal administrado y embrollado[31].

La otra herramienta que consideramos fundamental es el concepto de *paraespacio*, acuñado en un primer momento por el escritor de ciencia ficción Samuel Delany para referirse a una serie de espacios mentales en la literatura de este género y que existirían paralelos con la diégesis, unos retóricamente destacados ‹espacios otros›[32]. Estos paraespacios contrastarían en las novelas con otros espacios ‹normales› (los de un futuro reconocible) como espacios alternativos, habitualmente ‹mentales› (aunque manifestados materialmente), coevos con el espacio normal y en los cuales el lenguaje se eleva a un nivel extraordinariamente lírico, y en los que habitualmente se resuelven la acción y las contradicciones nacidas en el espacio principal. El crítico Scott Bukatman ha llevado a cabo una inteligente extrapolación del concepto como herramienta hermenéutica más abstracta y valida para otros medios (en cine, por ejemplo, el momento emblemático de paraespacialidad viene reflejado por la psicodélica ‹escena del viaje› en *2001* de Kubrick, pero también por el empleo de efectos especiales) y esferas: así, el propio género de la ciencia ficción funcionaría como paraespacio frente a la literatura *mainstream*, la física cuántica recrearía un paraespacio peculiar al nivel de lo subatómico y (para lo que nos ocupa) la ciudad posmoderna se convertiría en la *Zona*, un otro lugar de desplazamiento ontológico, de colisión, un paraespacio peculiar regido por la ausencia de coordenadas y fronteras, paradójico por su carencia de profundidad, creador de un no-espacio, no-lugar donde siguiendo la cita de Hassan i Sa-

---

31 Foucault (1984).
32 Vid. Delany (1988).

bbah, el maestro *hashashim* de la ficción de Burroughs, nada es verdad, todo estaría permitido:

> La Zona es habitualmente el lugar donde tienen lugar los cambios ontológicos en estas diégesis. En la película Stalker de Tarkovsky la zona misteriosa de visita alienígena recibe el nombre de Zona, del mismo modo que la Alemania fragmentada que recorre Tyrone Slothrop en Gravity's Rainbow de Pynchon. En la mitología espacial de William Burroughs, la región en la que todo está permitido y todo coexiste era la Interzona. La ciudad/cosmos de Alphaville está dividida en zonas[33].

Pero estas fronteras entre el espacio normal y el paraespacio son porosas y no permanecen cerradas. Al contrario, su flexibilidad permite crear conjuntos híbridos y heterogéneos que permiten, en una especie de lógica inversa, analizar (y mapear) lo inmapeable. Centrándose en Gibson y en los espacios urbanos y electrónicos, Bukatman aclara:

> Al mapear el ciberespacio justo encima de este urbanismo entrópico y de esta resbaladiza subjetividad, Gibson borra la separación entre el espacio normal y el paraespacio: una maniobra con truco que traerá importantes consecuencias. Los espacios de neón de Neuromancer, explicables en ciencia ficción en los términos de ‹una alucinación consensuada› del ‹espacio infinito de datos› alude a las cambiantes opalescencias de la representación posmoderna, mientras que la distancia producida por esta alusión le permite al texto resistir la consoladora seguridad de las predecibles in-predecibilidades del posmodernismo[34].

---

33   Bukatman (1993), 163.
34   Bukatman (1993), 170–171.

3 LANDSCAPES OF SPEED, LIGHT AND POWER: TECNOLOGÍAS Y CIBERCIUDAD

Dejamos ahora por un momento los espacios para apuntar hacia las tecnologías que los determinan y que tan claramente aparecen como pilares sustentantes de la ciberciudad y la ciudad posmoderna. Conviene tener en cuenta que los primeros estudios que llevaron a cabo la asociación entre las relaciones mediadas por las nuevas tecnologías de información / comunicación y aquellas mediadas entre la presencia humana y el movimiento dentro y entre los espacios urbanos, obra de autores como Marshall McLuhan, Melvin Webber, Nicholas Negroponte, Alvin Toffler...[35], tendían a caer en lo que podríamos llamar ‹fantasías de trascendencia›, o Tecnofuturismo. Según ellos, las nuevas tecnologías llevarían a la desaparición de las ciudades tal y como las conocíamos, ciudades que se convertirían en innecesarias ante la nueva movilidad y la creación, por un lado, de espacios campestres pero ‹conectados› – pálida reminiscencia neobucólica de cierto Modernismo arquitectónico –, y por otro, de un espacio común, neutro y accesible: el Ciberespacio. Era el sueño utópico de «un capitalismo sin rozamientos»[36] (Bill Gates) que permitiese abandonar las ciudades contaminadas de tráfico y atascos por el futurista escenario de la nube de electrones ciberespacial y las promesas de movilidad absoluta: ‹anything – anytime – anywhere›, un ciberespacio que, por su neutralidad, sería además el espacio ideal para reactivar la idea y práctica de la democracia (ahora electrónica: ciberdemocracia) directa, participativa, jeffersoniana[37]. Internet se levantaría

---

35 Vid. Graham (2004).
36 Vid. al respecto el discurso que Bill Gates pronunció el pasado año de 2008 en Davos (Suíza) en el marco del Foro Económico Mundial y bajo el título «A New Approach to Capitalism in the 21st Century»; vid. Gates (2008).
37 La izquierda, consonante con sus propias tradiciones utópicas, tampoco ha sido ajena a la puesta de esperanzas en las nuevas tecnologías,

como el mesías resucitado de la Esfera Pública y el espacio de la acción comunicativa de Habermas[38]; yendo aún más lejos (en la interesante y atrevida tesis de Jeffrey Fisher[39]), la Red resucitaría y reciclaría las viejas fantasías medievales de descorporeización, paraíso y trascendencia: el ciberespacio como ciberparaíso contemporáneo para nuestros cuerpos angélicos e hipercorporales, unos cuerpos que igual que los de las teorías de la salvación del medioevo son primero dejados atrás, en una especie de antítesis hegeliana y luego sintetizados en los «cuerpos terminales» que se han convertido en extensiones del ciberespacio:

> La tecnosofía construye el ciberespacio como una versión posmoderna del paraíso medieval, un espacio de trascendencia en el cual el mal y la responsabilidad han quedado atrás en medio de la feliz conjunción con lo realmente real. El ciberespacio tiene genuinas posibilidades transformadoras, pero la tecnosofía, por distrayente que sea, no las realizará[40].

Siguiendo esta duda final, podemos afirmar que las realidades del capitalismo tardío, por el contrario, han parecido jugar a la contra de los Falsos Profetas. Lejos de los determinismos tecnológicos y de los sueños antedichos, las nuevas tecnologías parecen haber reforzado la desigualdad, el poder y el privilegio, y unos espacios urbanos que siguen creciendo explosivamente y que se configuran como centros de una tecnología que complementa – no sustituye – las prácticas y movimientos previos. Una tecno-

---

aunque en general con discursos más sutiles, matizados, irónicos y escépticos. Una muestra la proporciona Slavoj Žižek con citas como esta: «Podemos preguntarnos, en cualquier caso, si el capitalismo es realmente el marco ‹natural› de las relaciones de producción del universo cibernético, si Internet no es un peligro potencial de explosión del propio capitalismo»; Žižek (2004), 79.

38   Vid. Habermas (1999).
39   Fisher (1997), 111–128.
40   Fisher (1997), 125.

logía que fomenta el desarrollo desigual, entre otras cosas porque los reificadores de la desmaterialización olvidan las necesidades y fundamentos materiales, ‹demasiado materiales› de todas las nuevas redes de comunicación: fibra óptica, conexiones *wi-fi*, torres de telefonía móvil, mano de obra altamente cualificada y consumidora, etc... «El resultado de estos procesos», dice Stephen Graham, «es que las ciudades, y especialmente los espacios globales y orientados internacionalmente, de alta tecnología, dentro de las regiones urbanas del norte y sur globalizado, se benefician de enormes, e intensificadas concentraciones de estructuras de las Tecnologías de Información y Comunicación»[41]. El reverso de la moneda está claro en los territorios del sur, consumidores y recicladores de tecnologías atrasadas, en espacios urbanos escondidos que forman grotescas fusiones *sci-fi* de tecnología y privaciones:

> En el área semiurbana de Guiyu, en la provincia china de Guangdong, por ejemplo, más de 100.000 hombres, mujeres y niños ganan 1.50 dólares diarios por romper a mano servidores obsoletos, computadores, móviles y otros objetos electrónicos para extraer de ellos valioso acero, aluminio, cobre, manganeso y oro[42].

También en su lectura más amarga de las posibilidades de la ciencia, del desarrollo capitalista y del urbanismo, la literatura *Cyberpunk* vislumbra espacios iguales y/o paralelos a estos, unos espacios marginales que representan la libido de la ciudad tecnocrática, paisajes de anarquía y experimentación como el sector *Ninsei* de *Neuromancer*, del que dice el protagonista: «las tecnologías en auge requieren zonas fuera de la ley [...]. Night City no

---

41 Graham (2004), 16.
42 Graham (2004), 17.

estaba allí para sus habitantes, sino como un calculado campo de juegos sin vigilar para la propia tecnología»[43].

La vuelta a William Gibson nos permite observar las metáforas, las imágenes literarias y visuales que describen el nuevo escenario de la ciberciudad. Los Ángeles aparece, nuevamente, como icono viviente de la mutación información / electricidad / espacio: la afortunada comparación de Gibson asemeja la matriz virtual a una imagen de Los Ángeles capturada a 5.000 pies de altura. Otra visión emblemática, extraída de *Neuromancer*, es la siguiente:

> Programa un mapa para que muestre la frecuencia del intercambio de datos, cada mil megabytes un único píxel en una pantalla muy grande. Manhattan y Atlanta arderían en blanco puro. Después empezarían a latir, la ratio de tráfico amenazando con colapsar la simulación. El mapa está a punto de estallar como una supernova. Enfríalo. Aumenta la escala. Cada pixel pasa a ser un millón de megabytes. A cien millones de megabytes por Segundo, empiezas a distinguir algunos bloques del centro de Manhattan, las siluetas de parques industriales centenarios formando un anillo alrededor del antiguo centro histórico de Atlanta[44].

La imagen de la ciberciudad ha cambiado entonces, claramente, frente a la de la ciudad Modernista, donde la máquina funcionaba como la ‹Metáfora productiva›, tal y como podríamos ejemplificar con textos de diverso tipo (cinéticos: *Metrópolis, Berlín, Sinfonía de una ciudad, Modern Times*; literarios: poesía futurista, novela modernista; artísticos: Estilo Internacional, Bauhaus; pragmáticos: Calvin Coolidge describiendo las fábricas como templos y el trabajo de los obreros en su interior como equivalente a una plegaria) y donde proliferaban los escenarios utópicos de la red en cuadrícula y del centro panóptico de visión / control, tenemos

---

43 Gibson (1984), 11.
44 Gibson (1984), 43.

ahora la Ciberciudad, la computadora como Metáfora productiva que transforma la realidad de tiempo y espacio en la matriz imaginaria de las redes de computación uniendo distintas partes del globo y comunicándose multilinearmente y de modo no secuencial, con vastas asambleas de información guardadas como códigos electrónicos[45]. De un modo análogo, hemos pasado del robot al cyborg:

> Fritz Lang se equivocó, los robots de nuestro futuro no son Madonnas metálicas chirriando alrededor de Metrópolis, sino cyborgs suaves moviéndose silenciosamente a través de la Red. Los neurohombres de William Gibson resultan mucho más similares a la realidad[46].

La geografía física torna etérea, sustentada en gráficos, vectores, matrices, redes, en metaespacios o hiperespacios autónomos y superimpuestos sobre el nivel de la realidad. El encanto seductor, en las páginas *Cyberpunk*, de las representaciones del espacio urbano da lugar a ciberciudades que son (en palabras de Cavallaro) «territorios sin límite en los que los humanos y los objetos circulan sin fin como tantas mercancías fragmentarias y conglomerados cerrados cuyos límites sirven para proteger los intereses de los rangos privilegiados. El Cyberpunk, por lo tanto, sugiere que el espacio no está necesariamente ni cerrado ni carente de límites; más bien, está cerrado y sin límites al mismo tiempo»[47]. Ciudades (y formas de pensamiento / mapeamiento intelectual y

---

45 «Las viejas sociedades de la soberanía hacían uso de máquinas sencillas – palancas, poleas, relojes; pero las más recientes sociedades disciplinarias se equiparon con máquinas que implicaban energía, con el peligro pasivo de la entropía y el peligro activo del sabotaje; las sociedades de control operan con máquinas de tercera generación, las computadoras, cuyo peligro pasivo es atascarse, y cuyo peligro activo es la piratería y la introducción de virus»; Deleuze (2004), 75.
46 Mitchell (1997), 14.
47 Cavallaro (2000), 138.

del espacio) en las que la búsqueda de orden y sentido, de mapear cognitivo refiere a continuación Cavallaro, apoyándose en Emily Martin, con tres estrategias posibles dentro de la cultura occidental: la «ciudadela», el «rizoma» o la «figura de cuerdas»[48].

Hablando de la ruptura de marcos clásicos de explicación y mapear urbano, Christine M. Boyer (en su interesante recopilación de ensayos *Cybercities*) sugiere que la ciberciudad requiere una estrategia mnemotécnica atenta a lo efímero, a lo discontinuo, también en nuestros procesos mentales para dotar de orden al espacio. La referencia literaria es, ahora, *Las Ciudades Invisibles*, de Italo Calvino:

> Podemos centrarnos en las Ciudades Invisibles, de Calvino, para contemplar este arte en acción: aquí, una serie de descripciones de la ciudad no consiguen conectar geográficamente los elementos discretos localizados dentro de cada ciudad. A pesar de que cada elemento está dotado de una sorprendente presencia visual, una vez reunidos se muestran sencillamente como una lista de iconos. No hay un mapa mental que pueda atar estos pedazos de imágenes fragmentarias en un conjunto, de tal modo que pudiesen describir o estructurar el viaje elusivo de ciudad en ciudad; al contrario, sólo quede un sistema combinatorio de reglas y de relaciones en juego. De hecho, sólo un gran atlas que contuviese

---

[48] La explicación está sacada del homónimo artículo de Emily Martin (1995). La ciudadela estaría representada por los muros, la inexpugnabilidad, la cerrazón (aunque se vea obligada a hacerse permeable por la necesidad de la ciencia de comunicarse con un público más amplio). El rizoma, fluído y abierto, sería el mapa sin límites entre la ciencia y la cultura, la negación de la estabilidad cartográfica; reconocería las limitaciones y porosidades de la fortaleza (que también tendría como defectos su lentitud y carácter monolítico). Por último, la figura de cuerdas representaría una síntesis, al reconocer que los modelos rizomáticos sí crean mapas, y que estos mapas mutan constantemente, pero siguen siendo necesarios, a pesar de su carácter transitorio.

los mapas o formas de todas las ciudades posibles permitiría una proyección de lo que, de otra manera, siguen siendo los lugares invisibles. Marco Polo, el protagonista, le dice a Kublai Kan: Viajando te das cuenta de que las diferencias se pierden: cada ciudad se parece a todas las demás ciudades, los lugares intercambian sus formas, el orden, las distancias, una nube informe de polvo invade los continentes. Tu atlas mantiene las diferencias intactas: esa mezcla de cualidades que son como las letras de un nombre[49].

Podemos percibir que, a lo largo de sus reflexiones, Christine Boyer se manifiesta claramente crítica con lo que en una primera lectura parecería una exaltación de la nueva tecnología asociada a las lecturas ya mencionadas que, rechazando posicionamientos centrales, apostaban decididamente por el fragmentarismo y el recorrido libre, también aplicado a unas ciudades que esquivarían las estrategias clásicas (totalizantes) del panóptico y la organización industrial clásica – en damero y con los ciudadanos en colmenas o compartimentos estancos. La aparente libertad y falta de control de lo nuevo, sin embargo, pueden ser espejismos ilusorios. Tres factores subrayados por la autora apuntan en esta dirección. En primer lugar, y aplicando los modelos electrónicos al espacio urbano posmoderno (de un modo paralelo a los estudios de Soja o a las críticas de Graham, aunque con una terminología diferente), tenemos la aparición de *Lag Places*, aquellos territorios marginalizados, empobrecidos, las barriadas en decadencia del desempleo y la falta de educación que de hecho permanecen ‹invisibles› detrás de los barrios más clásicos y «conectados» excepto en las campañas electorales y las explosiones irregulares de furor e ira (los motines urbanos en los ghettos de la América de los 70–80, o los más recientes disturbios en las *banlieues* de París). La aplicación de la lógica binaria (+/-, 1/0, on/off) de los pulsos electrónicos parecería sancionar el privilegio para los nuevos

---

49 Boyer (1996), 141–142.

centros conectados de la nueva ciudad de neón y cristal, y altas torres del poder corporativo, por un lado, y de felices urbanizaciones blancas y prósperas, refugio de los técnicos y trabajadores de collar blanco, atomizaciones cerradas, videovigiladas y conectadas permanentemente *online*. Una segunda línea crítica apunta al hecho mismo de la desmaterialización urbana, a la disolución que el auge de los modelos virtuales de conexión – vida – comunicación puede tener sobre la encarnación física del espacio y sus habitantes. La ciudad, incluso en su parte ‹conectada›, sufriría con esta pasivización su reducción a conjunto de individuos atomizados, punto conector o aeropuerto, membrana de la Terminal del computador. Convertidos los cuerpos de los ciudadanos en simples emisores/receptores de información y estímulos, la realidad cada vez más inmaterial y los modos de viaje cada vez más reducidos a transmisiones estáticas en Terminal, se contrastan con una esfera pública desvencijada:

> Mientras tanto, la ciudad contemporánea se yergue con todas sus heridas abiertas, el crimen se multiplica, las megaciudades estallan, la sangre se sigue vertiendo, las enfermedades se aceleran (...). Experimentamos la disrupción urbana global instantánea y continuamente con cada reportaje de noticias, y sin embargo, somos incapaces de acción inmediata, congelados delante de las terminales de nuestros ordenadores[50].

Los vínculos comunitarios se disuelven. Esta lectura subrayaría un papel disolvente para la virtualidad espectral, abriendo las puertas a una huída de la realidad material tan presente en los *lag spaces* de la ciudad, al tiempo que la participación virtual, propensa a las máscaras y sustitutos virtuales de nosotros mismos, fomentaría una indiferencia amoral hacia las relaciones humanas:

---

50   Boyer (1996), 11.

Quizás es ahí donde reside nuestra fascinación real con el ordenador, con la lógica binaria de los códigos de computación, con las redes virtuales que contienen la promesa alucinatoria de la conectividad virtual. La computadora aparece como la máquina limpia e inocente de nuestra era, prometiendo un mundo sintético nacido de las matemáticas en estado puro, inmaculado aún frente a los mecanismos oscuros y disciplinarios de una creación humana, demasiado humana[51].

Por último, la autora también se planteará (en una línea que rima con Jameson, la búsqueda de mapas y en general la línea discursiva de resistencia al discurso posmoderno clásica de la Teoría Crítica[52]) una cierta desconfianza hacia el potencial emancipador de las propuestas ‹descentralizadas› y de sus luchas contra la totalidad:

Hemos deconstruido, por etapas, las promesas de la Ilustración, los logocentrismos del discurso occidental, los sistemas de acción racional y voluntaria de la ciencia y la tecnología, los procesos de planificación urbana, el marxismo y lo demás [...]. A través de deconstrucción posmoderna de la totalización, pensamos que hemos reestablecido la libertad de elección y que hemos permitido que salga a la luz la voz de la alteridad, pero es algo que hemos hecho claramente al coste de la comunidad[53].

Y mas adelante, remacha la autora que hemos perdido el suelo crítico de debajo de nuestros pies:

---

51 Boyer (1996), 37–38.
52 Podemos ejemplificarla, sin entrar en detalles, con obras como *The Illusions of Postmodernism*, de Terry Eagleton, o *The condition of Postmodernity*, de David Harvey; vid. Eagleton (1996); Harvey (1989).
53 Boyer (1996), 28.

Constantemente en movimiento para escapar las máquinas represivas de las sociedades disciplinarias, o para poder explotar al máximo los viajes inciertos a la complejidad dentro de las sociedades de control apenas nos ofrece una fundación en la que levantarnos, para criticar, para recordar el pasado o planificar el futuro[54].

4 ELECTROPOLIS: LAS CIUDADES VIRTUALES

A estas alturas sería conveniente mencionar aunque sea someramente, algunos de estos espacios virtuales, ciudades desmaterializadas, imaginarias. De nuevo, William Gibson es el profeta visionario que diseña y dibuja la Red de Redes mucho antes de que ésta escapase de sus primerizos entornos militares:

---

54 Boyer (1996), 31. Por supuesto, varias de estas críticas están inscritas ya, como sospecha y evocación, en textos anteriores. Al respecto del carácter alienante del mundo virtual y a sus categorías marcadas de fuerte platonismo ingenuo, las novelas clásicas de Gibson ya evocaban una desconfianza al cuerpo, a la carne (the *meat*), prisión corporal y aburrida frente a los encantos del ciberespacio (una oposición que funcionaba también para los espacios urbanos por oposición a los virtuales). Y sin embargo, el texto mismo deconstruía en parte sus propias dicotomías: el encanto seductor de los escenarios de la jungla urbana, en *Chiba City*, en el *Sprawl*, las fachadas de neón poco parecen tener que envidiarle a las estructuras holográmico-luminosas de la matriz virtual. Igualmente críticos son los trabajos sobre los «espacios intermediarios», tanto en los libros dedicados a los no-lugares de Marc Augé como en artículos más prosaicos sobre el metro urbano, los mapas mentales a los que dan lugar, su borrado de la percepción de todos los espacios intermediarios, la nueva *terra incognita* mas allá de las revalorizadas terminales-bocas conectivas.

> La matriz tuvo su inicio en los primitivos juegos recreativos – dijo la voz por encima –, en los primeros programas gráficos y los experimentos del ejército con los programas craneales [...]. El Ciberespacio. Una alucinación consensuada experimentada diariamente por billones de operadores legítimos, en cada nación, por niños a los que se les enseñan conceptos matemáticos... Una representación gráfica de información extraída de los bancos de memoria de todas las computadoras del sistema humano. Complejidad inimaginable. Las líneas de luz avanzaban en el no-espacio de la mente, nudos y constelaciones de información. Como las luces de la ciudad, disminuyendo...[55].

Las imágenes de la ciudad y del urbanismo aparecen íntimamente ligadas desde el comienzo a los espacios virtuales, para los cuales resulta apropiado emplear el concepto de «ágoras electrónicas», acuñado por William J. Mitchell en su obra *City of Bits*[56]. Unas ágoras que constituyen verdaderos ‹reinos peculiares›, creados por la tecnología digital como espacios que serían – dentro del mismo marco, y simultáneamente – cuerpos urbanos, antiespaciales e incorpóreos. Unos territorios que estarían habitados por *ciudadanos-cyborg*, el término cyborg haciendo referencia no tanto a la producción literal de compuestos biológico / mecánicos, sino a personas normales diariamente ocupadas en intercambios digitales a través de la comunicación *online*, atendiendo a clases a distancia vía internet, y participando en actividades de Realidad Virtual. Estos intercambios también impactarían en las arquitecturas de las instituciones cívicas, como vendría demostrado por los supermercados, las áreas comerciales y los museos virtuales,

---

55 Gibson (1984), 51.
56 Mitchell (1997). La tesis también aparece de modo más sumario en su artículo «The City of Bits Hypothesis» y en el resumen de sus ideas que hace Dani Cavallaro en *Cyberpunk and Cyberculture*; vid. Mitchell (2004); Cavallaro (2000).

generando lo que Mitchell define como una «arquitectura recombinante». Las áreas virtuales públicas

> se mantienen unidas básicamente a través de conexiones eléctricas, y no transporte físico. En el medio encontramos numerosos modelos híbridos, en los cuales los espacios físicos y virtuales juegan un papel importante[57].

Unas ágoras electrónicas, decimos, que formarían la base de «comunidades descorporeizadas», y que Cavallaro concreta:

> Muy relacionados con estos desarrollos están las comunidades virtuales y las redes comunitarias establecidas por los tablones de noticias, MOOs y MUDs y los foros electrónicos – lo que Mitchell denomina como ‹ciudades blandas›. De hecho, esta denominación se retrotrae a una de las teorizaciones más importantes de la ciudad posmoderna, a saber, el libro ‹Soft City› de Jonathan Raban. Aquí, la blandura urbana se refiere al espacio en el que ‹nada está fijado› y en que las posibilidades de cambio personal y de renovación son infinitas [...]. La ciudad, tal y como la imaginamos, la ciudad blanda de la ilusión, el mito, el deseo, la pesadilla, es tan real, quizás más real, que la ciudad ‹dura› que uno pueda localizar en los mapas y estadísticas, en monografías de sociología urbana y en la demografía y arquitectura[58].

Tenemos, pues, un panorama variado de (entre otros espacios) MMORPGs, MOOs, MUDs[59], *Second Life*, foros, portales y blogs. Un panorama en el que se han repetido, en menor escala y mayor

---

57 Mitchell (2004), 128.
58 Cavallaro (2000), 142.
59 Acrósticos de juegos en red. MMORPGs: Massively multiplayer online role-playing games (como *Everquest, World of Warcraft*); MUDs: Multi-User Dungeon / Domain / Dimension (como *Petria, Avalon, Discworld Mud, Reinos de Leyenda*); MOOs: Mud Object Oriented (estos con más

concreción, los discursos tecno-utopistas y sus diferentes réplicas. Un ejemplo claro de estas últimas en el formato blog es la obra de referencia del estudioso holandés Geert Lovink, sobre todo el libro *Zero Comments: Blogging and Critical Internet Culture*[60]. En el, Lovink se muestra muy pesimista, considerando que los blogs funcionan como artefactos decadentes que desmontan los modelos tradicionales de transmisión de información sin sustituirlos por una alternativa real. Algunas frases representativas demuestran el tono de su crítica:

> Los blogs asisten y documentan el poder disminuyente de los media convencionales, pero de modo consciente, no han sustituido la ideología de estos con una alternativa [...]. Blogear es una empresa nihilista precisamente porque la estructura de propiedad de los mass media es cuestionada y luego atacada. Blogear es una estrategia de desangramiento. Implosión no sería la palabra adecuada. Implosión implica una tragedia y espectáculo que aquí se hallan ausentes. Blogear es lo opuesto al espectáculo. Es plano (y sin embargo, significativo) [...]. Los blogs traen la decadencia [...]. Lo que declina es la creencia en el mensaje [...]. Como acto micro-heroico, Nietzscheano, de las gentes en pijama, nace de un nihilismo de fuerza, no de la debilidad del pesimismo[61].

Siguiendo con este tono, los espacios virtuales han sido vistos con lentes oscuros por buena parte de la crítica cultural, que se muestra negativa hacia ellos, tendente a subrayar sus posibilidades de alienación, pasividad, desarraigo, ruptura de la comunidad y fingimiento:

---

orientaciones científicas y técnicas: *LambdaMOO, Rupert, schMOOze University, De digitale metro*).
60   Lovink (2007b).
61   Lovink (2007a).

A pesar de que las ciberciudades son estupendas para localizar y mantener nuevas amistades, el poder confiar en las personas puede ser difícil cuando la gente no se puede comunicar cara a cara. En la comunicación ‹en vivo›, la gente es capaz de distinguir los hechos de la ficción a través de la expresión facial, los movimientos corporales, el contacto visual, la frecuencia de habla. Todos estos indicadores están ausentes cuando nos comunicamos on-line, por lo que ¿como se supone que las personas pueden determinar qué amistades son honestas y reales? [...] Hay muchos factores que afectan a porqué las amistades en red no son capaces de ser tan cercanas como las de la vida real, aunque por otro lado, Internet ha hecho las amistades más accesibles y fáciles de mantener[62].

La comunidad virtual ha sido desenmascarada, por lo menos en algunas de sus facetas, como un nuevo mito gobernante, directamente relacionado con la nostalgia por la antigua y mitificada comunidad orgánica y vampirizada por el capitalismo consumista: «A lo que el software responde» nos dice Joseph Lockard,

es al deseo de comunidad, mas que a la difícil de conseguir, duramente trabajada realidad de comunidad. La cibercomunidad, por lo tanto, puede entenderse como un elemento de la superestructura ideológica sobre la base material del ciberespacio (ordenadores, software, costos de trabajo), un elemento que facilita la aceptación tecnológica, la integración, la familiaridad y el consumo[63].

De todas maneras, resultaría simplista quedarse con las lecturas tétricas de un fenómeno tan complejo como el que nos ocupa

---

62 Carter (2006).
63 Lockard (1997), 224.

(«Podría ser peor, podría ser perfecto»[64], dice uno de los personajes de William Gibson en el relato *The Gernsback Continuum*[65], una lectura irónica y crítica de los futuros asépticos, limpios, «con toda la dulzura obscena y siniestra de la propaganda de las Juventudes Hitlerianas[66]» que imaginaran los modernistas años 20 del siglo pasado); el propio Lockard plantea como criterio relevante que permitiría superar las limitaciones actuales de la Red la proximidad hacia otras experiencias nacionales/raciales/de género/de clase y su conquista de mayores accesos al ciberespacio, un escenario virtual que permite múltiples estrategias de lectura, encriptación y subversión, de re-creación de comunidades y de proyectos activos, sin que por ello tengamos que caer en el fácil canto ditirámbico sobre las maravillas de la nueva tecnología liberadora, in/transcorpórea e instantánea. Aunque las alteridades culturales, sociales, raciales y de género hayan sido ocultadas o desvisibilizadas en los mundos virtuales – donde las metáforas de la pequeña comunidad y su abstracto sub-texto de hegemonía blanca, masculina, burguesa y anglosajona se manifiestan de modos en absoluto sutiles[67] –, la Red ha permitido también una mayor interactividad y espacios de expresión de los otros discursos y grupos:

---

64   Gibson (2003), 36.
65   Gibson (2003), 24–36.
66   Gibson (2003), 34.
67   Resulta muy ilustrativo que durante sus primeros años, la Red fuese patrimonio casi exclusivo de usuarios norteamericanos (y éstos profesionales liberales blancos en su casi totalidad). Esta ‹americanidad› resultó reforzada por el transplante al ciberespacio de varios mitos fundacionales de los EEUU, como la noción de ‹frontera› (Internet como el nuevo Oeste a colonizar) o el individualismo exacerbado. «Newt Gringrich y sus cohortes de la derecha claramente prefieren el término ‹ciberespacio› e imaginan a los nuevos colonos corriendo a reclamar su porción de ancho de banda. El Ciberespacio toma prestado el aire de país abierto accesible a los pioneros, y mas tarde disponible para su subdivisión en parcelas suburbanas y centros comerciales»; Lockard (1997), 223.

> Cuando grupos minoritarios y silenciados, como los Amerindios de Chiapas, en México, pueden hablar en Internet y cuando cualquiera puede dar voz a sus opiniones en un grupo de noticias, no sólo la organización de los medias y el constructo de la audiencia, sino que también la formación de una comunidad imaginaria unificada y diferenciada [...] y el entendimiento mismo del estado-nación en sí se ven transformados[68].

Por nuestra parte, coincidimos plenamente con las preguntas que se plantea Madhu Dubey en *Signs and Cities* (en su caso desde la periferia afro-americana) sobre cómo asentar reivindicaciones políticas en una era en la cual los referentes parecen desaparecer, y qué modos éticos de aprehender la diferencia racial (también diríamos: de género, de clase, nacional) son posibles dentro de las condiciones tecnológicas de las ciudades virtuales y posmodernas. Usando como punto de apoyo la novela sci-fi *Stars in My Pocket Like Grains of Sand* de Samuel Delany, Dubey procura relativizar nuestro presente tecnológico:

> La Ciencia Ficción media los cambios sociales de maneras únicas, en muchas ocasiones a base de ayudar a acomodar la imaginación a los cambios, como en el caso de Delany, moderando la percepción del cambio como crisis. Esta es una postura especialmente válida en un momento en el que el cambio es percibido de forma mayoritaria en la forma de clara ruptura social, como en las historias en vigor sobre la ciudad espacial eclipsada por la ciberciudad o el libro impreso convertido en obsoleto por la textualidad electrónica[69].

Al mismo tiempo advierte de los peligros de reducir los discursos de las alteridades reales y marginadas a las soluciones retóricas

---

[68] Stratton (1997), 265.
[69] Dubey (2003), 188.

o a las metáforas corporales en que caen muchos de los discursos postestructuralistas. Dubey subraya, refiriéndose a mujeres y afro-americanos: «La insistencia en la elevada corporeidad de estos grupos puede fácilmente resbalar hacia el fetichismo, compensándolos simbólicamente por su marginación política y económica»[70]. De nuevo, como en el caso de Christine Boyer (citada por Dubey y con la que comparte una actitud abierta aunque con reservas hacia el discurso postestructuralista), la aversión hacia las ideas de totalidad es percibida como un lastre que imposibilita y esconde las diferencias reales y la aprehensión de genuina alteridad, al tiempo que nos compensa discursivamente por estas mismas diferencias.

Muy brevemente, y a título de ejemplo, podríamos mencionar algunos ejemplos peninsulares de vínculos en red y fuera de ella que articula el mundo de la blogosfera desde discursos de las naciones ‹otras› dentro del estado español; tenemos, en el caso vasco, la bitácora feminista euskera ‹*Sareinak*› (eibar.org/blogak/sareinak), que abre y se abre a unos espacios y públicos anteriormente ignorados en la literatura euskalduna, y en el gallego, dentro de nuestro proyecto de construcción nacional y cultural, el llamado ‹blogomillo›[71], nacido a partir de algunos antecedentes virtuales (como el canal de chat #Galiza del IRC Hispano, el portal de literatura *Andar 21*, los foros de opinión del portal gallego de noticias *Vieiros*, la página web de las *Redes Escarlata*); esta comunidad de blogs en lengua gallega, hasta hace poco limitada a un número asequible de bitácoras, ha sido el escenario de estrechos vínculos hipertextuales y de proyectos literarios en común, tanto dentro como fuera de la red -destacaremos el libro común virtual y no-virtual *Proxecto Identidade*[72], en el que se juntan propuestas

---

70 Dubey (2003), 195.
71 Un campo que apenas ha sido objeto de estudios académicos, a excepción de algunos artículos que podemos mencionar: Canabal (2006); Medina (2007); Cid (2007).
72 www.aregueifa.net.

en varios medios artísticos de distintos autores blogueros –, unos vínculos que se relacionan y refuerzan la comunidad lingüística, ideológica y nacional que aún supone el escoger nuestra lengua como medio expresivo, y que en este caso se ven facilitados por la instantaneidad de las nuevas tecnologías. Querríamos acabar con un ejemplo textual, obra del autor de estas líneas, extraído de la bitácora colaborativa *Historias Eléctricas*[73], y apropiadamente titulado *CyberCity*:

> Tamén soñara contigo en Tóquio.
>
> Esbarantes Vermes de cores fluorescentes arrástranse polo subsolo. Metro de Tóquio. Arañeira Trenzada, flor de neon, gases nobres en redes de azul cobalto, violeta e morado. Engarza a cadea dos arabescos! Takadanobaba / Kudanshita / Aoyama-Itchome. No resplandor dos azulexos a tímida fantasmagoría de luz e sombra, atrapada, espectro do monstro babélico, *unreal city,* no glaseado da cerámica espello fumegante ou pota do piche e chumbo derretido, plásticos de deseño que flúen para forxar o molde dos ósos do Dinosauro Posmoderno, de espiña dorsal altas torres / no ar: un ziggurat tallado na perfecta xeometría de cristal, metal, formigón pre-tensado / e melodía de semáforos acesos. Ela, a cidade que encripta e retorce nun xeroglifo de Xano Bifronte, á vez museo de historia (anti)natural e gaiola. Ás veces, termiteira de cemento.
>
> Resulta evidente que estás perdido. Tras saír á superficie, ves ao teu carón unha ringleira interminábel de autobuses urbanos e un panel informativo. Indescifrábel. Sobre a placa está debuxado un esquema de cuadrícula que se repite, monótono; escóltano uns caracteres xaponeses que, por suposto, es incapaz de ler.

---

[73] www.historiaselectricas.blogspot.com /

De súpeto, sentes con intuición onírica que algo debeu de mudar, e uns pasos ao fondo, paréceche ver unha zona despexada con xardín. Camiñas cara ela, e ao virar unha esquina saltan á vista os cimentos pétreos da que fora a Torre Principal do Castelo de Edo. O aspecto deses cimentos resulta un chisco desacougante, xa que non evoca imaxes de orientalismo, non; é, pola contra, dunha sinxeleza acorde coas xeometrías da natureza e con algún deses monumentos de ladrillo que tanto che gorentan. Ou o CGAC compostelán, co que tamén comparte o acompañamento da herba, das árbores e das fontes[74].

REFERENCIAS BIBLIOGRÁFICAS

Abuín González, A. (2006), *Escenarios del caos. Entre la hipertextualidad y la performance en la era electrónica*, Valencia.
Augé, M. (2005), *Los no lugares. Espacios del anonimato*, Barcelona.
Baudrillard, J. (1994), *Simulacra and Simulation*, Michigan.
Baudrillard, J. (1989), *America*, London.
Blanco Mourelle, N. (2005), «Literatura Comparada, Anschluss Metodolóxico», en: *Boletín Galego de Literatura* 34, 9–35.

---

[74] Viene a ser un tropo clásico del *Cyberpunk* desde sus orígenes la presentación del Tokio contemporáneo como una metrópolis de Ciencia Ficción, tropo que cuenta también con sus ejemplos cinematográficos: *Blade Runner* (aunque un Los Ángeles futurista es el telón de fondo en la obra de Ridley Scott, la ciudad ha sincretizado de modo evidente con Tokio, como atestigua su población, arquitectura, publicidad y abundante escritura oriental de neón) y *Sans Soleil* (1982, Chris Marker). Sobre esta última nos dice Scott Bukatman en *Terminal Identity* lo siguiente: «Marker no se limita a mapear a Tokio en el campo de la ciencia ficción, sino que al mismo tiempo la traslada al del espectáculo y los media. Lo característico de Tokio es el dominio de la imagen (...). Tokio existe como puro espectáculo; esto es, como una proliferación de sistemas semióticos y de simulaciones que cada vez sirven más para sustituir la experiencia humana física y la interacción»; Bukatman (1993), 26.

Borges, J. L. (1987), *El hacedor*, Madrid.
Boyer, M. Ch. (1996), *CyberCities*, New York.
Bukatman, S. (1993), *Terminal Identity. The virtual subject in post-modern science fiction*, Durham / London.
Cabo Aseguinolaza, F. (2004), «El giro espacial de la historiografía literaria», en: A. Abuín González / A. Tarrío Varela (eds.), *Bases metodolóxicas para unha historia comparada das literaturas da península Ibérica*, Santiago, 21–43.
Calvino, I. (2000), *As cidades invisibles*, Vigo.
Canabal, S. (2006), «Da blogosfera ao blogomillo: bitácoras, lingua e cultura en Galicia», en: *Grial* 171, 130–135.
Carter, D. (2006), «Living in Virtual Communities: An Ethnography of Human Relationships in Cyberspace», en: *Information, Communication & Society* 8, 148–167.
Castells, M. (2004), «Space of Flows, Space of Places: Materials for a Theory of Urbanism in the Information Age», en: S. Graham (ed), *The Cybercities Reader*, London, 83–93.
Cavallaro, D. (2000), *Cyberpunk and Cyberculture*, London.
Cid, X. (2007), «El ‹blogmillo›: La lengua como factor de cohesión en la comunidad de blogs», en: *Blogs y periodismo en la red*, Madrid, 301–308.
Davis, M. (2006), *City of Quartz: Excavating the Future in Los Angeles*, London.
Delany, S. R. (2004), *Stars in My Pocket Like Grains of Sand*, Middletown.
Delany, S. R. (1988), «Is Cyberpunk a Good Thing or a Bad Thing?», en: *Mississippi Review* 47 / 48, 28–34.
Deleuze, G. (2004), «Postscript on Societies of Control», en: S. Graham (ed), *The Cybercities Reader*, London, 74–77.
Deleuze, G. / Guattari, F. (1988), *A Thousand Plateaus*, Minneapolis.
Deleuze, G. / Guattari, F. (1983), *Anti-Oedipus*, Minneapolis.
Derrida, J. (1997), *Of Grammatology*, Baltimore.
Dubey, M. (2003), *Signs and Cities. Black literary postmodernism*, Chicago.
Eagleton, T. (1996), *The illusions of postmodernism*, Oxford.
Fisher, J. (1997), «The Postmodern Paradiso. Dante, Cyberpunk and the technosophy of Cyberspace», en: D. Porter (ed.), *Internet Culture*, New York / London, 111–128.

Foucault, M. (1984), «De los espacios otros», en: *Architecture, Mouvement, Continuité* 5, 46–49, www.bazaramericano.com / arquitectura / filosofia / espacios_foucault.htm.

Gates, B. (2008), «A New Approach to Capitalism in the 21st Century», en: www.microsoft.com / Presspass / exec / billg / speeches / 2008 / 01–24WEFDavos.mspx.

Gibson, W. (2003), *Burning Chrome*, New York.

Gibson, W. (1984), *Neuromancer*, New York.

Gómez-Montero, J. (2008), «Discurso de Inauguración del V Seminario ‹Urbes Europaeae›, *Crisis y reconceptualización de la ciudad – Vanguardia y postvanguardia*», en: www.uni-kiel.de / urbes.europaeae / seminare / 05. seminar / data / Eingangsrede.pdf.

Graham, S. (2004), «Introduction: From dreams of transcendence to the re-mediation of urban life», en: id. (ed), *The Cybercities Reader*, London, 1–30.

Habermas, J. (1999), *Teoría de la acción comunicativa*, 2 vol., Madrid.

Harvey, D. (2006), *The limits to Capital*, London / New York.

Harvey, D. (2005), *Paris, Capital of Modernity*, London / Malden.

Harvey, D. (1989), *The condition of postmodernity*, Cambridge, Mass. / Oxford.

Hollier, D. (ed.) (1994), *A New History of French Literature*, Harvard.

Jameson, F. (1991), *Postmodernism, or the cultural logic of late capitalism*, London / New York.

King, A. B., «Mapping the Unmappable: Visual Representations of the Internet as Social Constructions». CSI Working Papers, rkcsi.indiana. edu / archive / CSI / WP / wp00–05B.html.

Landow, G. P. (1995), *Hipertexto*, Barcelona.

Lefebvre, H. (1991), *The Production of Space*, Oxford.

Lehan, R. D. (1998), *The City in Literature. An Intellectual and Cultural History*, Berkeley / Los Angeles / London.

Lockard, J. (1997), «Progressive politics, electronic individualism and the myth of virtual community», en: D. Porter (ed.), *Internet Culture*, New York / London, 219–232.

López Sández, M. (2007), «Posmodernidade e metarrelato nacional: a creación ferriniá de Tagen Ata», en: *Madrygal* 10, 77–84.

Lovink, G. (2007a), «Blogging, the nihilist impulse», en: *Lettre Internationale* 73, eurozine.com / pdf / 2007–01–02-lovink-en.pdf.

Lovink, G. (2007b), *Zero Comments: Blogging and Critical Internet Culture*, London.

Lyotard, J. F. (1999), *The Postmodern Condition: A Report on Knowledge*, Minneapolis.

Martin, E. (1995), «Anthropology and the Cultural Study of Science: Citadels, Rhizomes and String Figures», en: S. Aronowitz / B. Martinsons / M. Menser (eds.) *Technoscience and Cyberculture: A Cultural Study*, New York, 97–189.

Medina, E. (2007), «A Blogosfera galega», en: *AG: revista do audiovisual galego* 2, 96.

Mitchell, W. J. (2004), «The City of Bits Hypothesis», en: S. Graham (ed.), *The Cybercities Reader*, London, 123–128.

Mitchell, W. J. (1997), *City of Bits*, Cambridge / London.

Moretti, F. (2006), «The end of the beginning», en: *New Left Review* 41, 71–86.

Moretti, F. (2004a), «Graphs, Maps Trees. Abstract Models for Literary History – 3», en: *New Left Review* 28, 43–63.

Moretti, F. (2004b), «Graphs, Maps Trees. Abstract Models for Literary History – 2», en: *New Left Review* 26, 79–103.

Moretti, F. (2003), «Graphs, Maps Trees. Abstract Models for Literary History – 1», en: *New Left Review* 24, 67–93.

Porter, D. (ed.) (1997), *Internet Culture*, New York / London.

Shuffield, J., «Subway as Intermediary Space», en: *Residual Space and Other Urban Theory*, www.urbanresidue.com / theory / subway.html.

Soja, E. W. (2000), *Postmetropolis: Critical Studies of Cities and Regions*, Oxford / Malden.

Soja, E. W. (1989), *Postmodern geographies: the reassertion of space in critical social theory*, London.

Stratton, J. (1997), «Cyberspace and the globalization of culture», en: D. Porter (ed.), *Internet Culture*, New York / London, 253–276.

Tomberg, J. (2007), «City as the site of Externalized Subjectivity», en: *SymCity* 1, www.uni-kiel.de / symcity /.

Tomberg, J. (2004), *Ekstrapolativne Kirjutamine Tulevikukirjutuse poeetikast*, Tartu.

Žižek, S. (2004), «Contra a pos-política», en: *O espectro segue a roldar*, Noia, 64–85.

Ciudades-frontera en el umbral de la Edad Moderna: Nápoles y Constantinopla en la literatura española del Siglo de oro

Encarnación Sánchez García
(Università di Napoli L'Orientale)

En las dos últimas décadas del siglo pasado la teorización sobre la tendencia a la hibridación en las culturas que, heredadas del pasado, se iban enfrentando progresivamente al proceso de globalización ha ido aumentando de forma tan vertiginosa cuanto caótica sea en Occidente sea en ciertos ámbitos del Oriente asiático. La atención hacia las tendencias que las culturas globalizadas muestran a la hibridación ha producido una imponente literatura crítica de valor muy desigual, y, al intentar enumerar y describir paradigmas nuevos, las nuevas teorías han señalado la Frontera como uno de los objetos simbólicos preferidos, por su poder convocador en el momento en que se desdibujan muchas de las líneas de separación tradicionales y se crean infinitas otras – invisibles y movedizas – dentro de las sociedades globalizadas[1].

---

[1] Vid. Anzaldúa (1987); Bhabha (1990); García Canclini (2001); Pratt (1992).

La idea de una nueva ocupación del globo por una humanidad transterrada se ha ido abriendo paso y ha alcanzado valor figural en corrientes filosóficas que, dejando a un lado los parámetros epistemológicos, afrontan la cuestión de la identidad con planteamientos hermenéuticos: Paul Ricœur especialmente en *Soi-même comme un autre*[2] pero también en textos anteriores, define su propuesta como una *filosofía del rodeo* que abandona concepciones esencialistas de la identidad y aspira a una certeza subjetiva de la conciencia proponiendo una «réplica poética» al problema de la identidad.

Esta propuesta metodológica se centra en el uso de la literatura como instrumento para la autocomprensión, lo que, en cierto modo, promueve una tendencia a la espacialización de las teorías sobre lo humano. En tal dirección, Gilles Deleuze propone metodologías sobre una nueva forma de «estar» en el mundo que, de hecho, parece superar la idea de frontera:

> Habrá pues que hacer lo siguiente: instalarse en un estrato, experimentar las posibilidades que nos ofrece, buscar en él un lugar favorable, los eventuales movimientos de desterritorialización, las posibles líneas de fuga, experimentarlas, asegurar aquí y allí conjunciones de flujo, intentar segmento por segmento *continuums* de intensidades, tener siempre un pequeño fragmento de nueva tierra[3].

Desde la ladera creativa los libros del novelista y ensayista italiano Claudio Magris han representado en los últimos años esta nueva instancia filosófica y han elegido la frontera como eje de indagación y de ficcionalización[4].

La superación del concepto de límite que la frontera representa no es, por otra parte, exclusiva de la postmodernidad; al contra-

---

2   Ricœur (1999).
3   Deleuze (1980), 105.
4   Vid. Aversa (2004).

rio, encontramos signos continuos de su presencia en la literatura clásica, pues, como escribía Claudio Guillén en uno de sus últimos libros, a propósito de un pasaje de Plutarco sobre el exilio,

> el ser humano conforme se muda de lugar y de sociedad, se encuentra en condiciones de descubrir o de comprender más profundamente todo cuanto tiene en común con los demás hombres, uniéndose a ellos más allá de las fronteras de lo local y de lo particular: las dimensiones cósmicas de la naturaleza[5].

Este papel de la frontera como límite y como acicate del hombre para superar lo doméstico y lo propio a favor de lo universal ha sido, por otra parte, reconocido por la literatura desde la antigüedad a causa de su potencial temático pero también por su funcionalidad estructural, y ha habido textos literarios que se han ocupado de esa línea de demarcación que llamamos frontera con especial énfasis.

Por otro lado, y atendiendo en concreto al ámbito de las literaturas occidentales, la atención retórica hacia la idea de frontera está seguramente en relación con los procesos de territorialización que atraviesan las literaturas romances a partir del Renacimiento, en correspondencia y como resultado de la afirmación de las nacionalidades y, en ciertos casos, de las naciones modernas.

En concreto, al principio de la edad moderna, la literatura se interesa por la frontera sea como tema sea como función, paralelamente a la toma de conciencia de la nacionalidad y en relación dinámica con las variantes que constituyen las características principales de esa nacionalidad. Los libros magistrales que Soledad Carrasco Urgoiti escribió sobre el tema de la frontera en la literatura española del Renacimiento español, con extensiones a los siglos siguientes, son un suficiente botón de muestra[6].

---

5 Guillén (2007), 33.
6 Vid. Carrasco Urgoiti (1989).

En relación con el tema de la frontera como línea de demarcación de dos civilizaciones podemos poner el de la elaboración de un discurso representativo del «Otro», ámbito vasto en el que la serie literaria española genera una imponente producción, sin parangón en las otras literaturas contemporáneas, a las que se anticipa con una antelación aproximada de dos siglos. En efecto entre las innumerables cristalizaciones formales del discurso literario en el Siglo de Oro español, y atravesando variadísimos géneros (desde el histórico, al dialógico, desde las relaciones de sucesos a las misceláneas, desde el teatro a la poesía) emerge con fuerza la elaboración de un discurso representativo del «Otro», es decir de todo lo que está fuera del propio sistema epistemológico y que por razones políticas, de dinámicas de bloques, de relaciones comerciales y culturales, entra en contacto con dicho sistema; al hacerlo produce una eclosión de discursos que dan razón de esa otredad esforzándose por colocarla dentro de la propia *Weltanschauung* según la codificación propia de cada uno de aquellos géneros.

Con cierta independencia de la altura del resultado estético, digamos que el discurso literario sobre el «Otro» produce objetos simbólicos cuyo valor es fundamental en el interior del sistema pues ayudan a establecer sus contornos y a afinar la percepción de la propia identidad. Son objetos de distanciación que, creando espacio dentro de la civilización que los elabora, la enriquecen y completan.

En esta dinámica compleja el signo material que probablemente representa el símbolo más potente de la distanciación es la frontera, un signo que a veces tiene su razón de ser en contrastes o distanciamientos humanos creados por la naturaleza, mientras que otras veces es un signo arbitrario y depende exclusivamente de circunstancias y caprichos o intereses de potentes. Tan fuerte es el valor representativo de la frontera en el imaginario colectivo que podríamos incluso llamarla *icono* de la distanciación. Ella se constituye, paradójicamente, como una demarcación con la que dos grupos humanos distintos se separan y como una demarcación a cuyos bordes dos grupos humanos distintos se tocan.

A finales del siglo XIX el ilustre antropogeógrafo Ratzel acuñó la siguiente definición del concepto de frontera: «La frontera está constituida por innumerables puntos, en los cuales un movimiento orgánico ha acabado por detenerse»[7]. Abarcaba esta definición sea las sociedades del universo de la naturaleza sea las sociedades humanas y hundía sus raíces en la idea del movimiento «que es proprio de todo ser viviente»[8]. La frontera es, pues, algo móvil, que no hay que identificar como una línea definitiva sino más bien como un espacio en donde los vectores de fuerza de una comunidad se han arrestado, se han detenido sea por la hostilidad del medio sea a causa de la resistencia presentada por otro movimiento en sentido contrario. Al haber dos o más movimientos opuestos, la frontera presenta a menudo caracteres contradictorios pues es el espacio en donde se detienen las fuerzas de una civilización pero es también el espacio a través del cual pasan hombres, ideas, mercancías, de una civilización a otra, es el espacio en el que dos épistèmès se tocan y se comunican.

La historia depende tanto del concepto de frontera que parece superfluo dedicar ahora una reflexión a esta ligazón. Sobre la lógica y la pervivencia de las fronteras puede bastar esta cita de Braudel en *La Méditerranée et le Monde méditerranéen à l'époque de Philippe II*:

> [cada civilización] está solidamente enraizada en un espacio determinado: el espacio que es uno de los indispensables componentes de su realidad. Antes de ser aquella unidad en las manifestaciones del arte en que Nietzsche veía su mayor verdad, una civilización es, básicamente, un espacio trabajado, organizado por los hombres y por la historia. Dado que hay límites culturales, espacios culturales de extraordinaria perennidad: nada pueden todas las mezclas del mundo[9].

---

7   Ratzel (1899), 259. Cit. en Zientara (1979), 403. Traduzco de esta versión.
8   Ratzel (1899), 259. Cit. en Zientara (1979), 403. Traduzco de esta versión.
9   Braudel (1986b), 815. La traducción es mía.

Braudel mete aquí el acento sobre la especificidad de cada civilización y sobre el valor que el espacio tiene en la definición de esa visión del mundo determinada y original que es una civilización. Una materialidad geográfica, ante todo, parece constituir la base fundamental que distingue a una civilización de otra. Es un punto de vista que contradice, en cierto modo, la idea de movilidad, de dinamismo y transformación que parece caracterizar el progreso de las civilizaciones, y sobre todo, el mundo moderno. Para Braudel hay un núcleo perenne en cada cultura que garantiza su continuidad, su pervivencia, frente a las otras, y es de ahí que brota su especificidad (ligada a la territorialización de la misma).

La frontera es, pues, esa línea que limita un espacio trabajado, la grieta en donde quiebra una civilización, es el borde de una unidad histórica, signo indispensable de su propio existir como tal unidad histórica.

La literatura, al funcionar como representación del mundo, ha tenido en cuenta con frecuencia esa solución de continuidad que la frontera constituye y la ha elegido como eje estructural de muchas de sus obras maestras; como ejemplo ilustre citaré sólo la *Ilíada* cuya acción se desarrolla en su totalidad en la frontera marítima del reino de Troya. Desde un cierto punto de vista podemos considerar toda la materia del poema homérico como los innumerables intentos que griegos y troyanos realizan para superar esa línea de separación que es la frontera del reino de Príamo. El caballo de madera es la poderosa metáfora con que la sociedad de la Hélade arcaica reconoce el superior valor de la astucia respecto a la fuerza; el caballo es el símbolo de la ineficacia de la guerra para eliminar fronteras y, aunque representa por antonomasia el engaño, nos señala a la vez el valor de la imaginación como camino fértil para la superación de los límites; también alude poderosamente a la importancia de las creencias espirituales para tender puentes: como todos recordamos, los troyanos abren las puertas de la ciudad al caballo porque piensan que es un dios.

Troya es, a la vez, un reino y una ciudad, el corazón y el límite de un mundo, y de una visión del mundo. La caída de la ciudad conlleva el fin de todo lo demás en ese espacio en donde se levantaba la urbe. Su prolongación en Roma gracias a Eneas representa una mítica *translatio imperii*, un nobilísimo injerto que salva definitivamente a Troya de su destino infausto.

No podemos ahora detenernos en esto, sobre lo que tanto cabría decir. Lo que me interesa subrayar es el carácter fronterizo de esa ciudad-estado, antecedente ilustre de los espacios literarios que nos ocupan pues este rasgo también parece connotar, y no de forma accidental, las dos ciudades en las que nos detendremos enseguida. Vamos a ocuparnos de dos ciudades que son capitales de estados (la primera, Nápoles, del reino de su mismo nombre, la segunda, Constantinopla o, mejor dicho, Estambul, cabeza del Imperio de la Gran Puerta). Ambas, por su situación geográfica, aparecen situadas al límite del territorio que tales estados dominan. Vamos a ocuparnos de ellas en un momento histórico determinado, el siglo XVI, cuando Nápoles pierde su carácter de Reino con su propia dinastía (la de los aragoneses que había sido fundada a mediados del XV por Alfonso V el Magnánimo) y Estambul es ya, desde medio siglo atrás, la capital del imperio de los turcos osmanlíes.

A principios del XVI el *Regno* de Nápoles pasa a integrarse como un espacio clave en la compleja entidad histórica que van modelando los Reyes Católicos: es, en efecto, el primer territorio europeo fuera de la península ibérica que entra a formar parte de la Corona de España. Desde 1503 el Gran Capitán, tras haber ganado la guerra contra los franceses que habían invadido el sur de Italia, los expulsa y toma posesión del *Regno* en nombre de Fernando el Católico estableciéndose en la ciudad como virrey.

Gonzalo Fernández de Córdoba es, pues, el primer virrey de Nápoles; la ciudad pierde desde ese momento el privilegio de ser sede donde reside el soberano y sólo en determinados momentos, los reyes (Fernando el Católico en 1508, Carlos V en 1535) pasarán temporadas en ella. Esta pérdida de status va acompañada, sin embargo, de un nuevo rol: la importancia militar de la ciudad y de su clase dirigente en la política internacional de la Corona de

España. Naturalmente esta integración en una entidad compleja como la Monarquía Católica la convierte en intermediaria privilegiada entre España e Italia[10]. Nápoles tiene, pues, una función de frontera y a la vez de puente, entre España e Italia ya desde el XV y ese rol seguirá vivo hasta el siglo XIX, en práctica hasta la caída de los Borbones napolitanos.

Además Nápoles es la capital del *Regno* del mismo nombre (lo que demuestra el peso enorme de la *urbs*), es decir demuestra que es la ciudad la que vertebra el territorio que depende de ella (de manera semejante a la república de Venecia o al Ducado de Florencia), lo que no ocurre con los grandes reinos occidentales centralizados ya en el XVI, como España, Francia, o Inglaterra, que tienen capitales – itinerantes o fijas – con nombres distintos de los de los reinos.

Si adoptamos un punto de vista español, es decir occidental, el Reino de Nápoles es geográficamente y representa simbólicamente la frontera marítima con el Imperio de la Sublime Puerta a partir de la conquista de Constantinopla en 1453. Como indicado *supra* la llegada de los aragoneses a Nápoles coincide perfectamente con aquella fecha simbólica que conmovió a la cristiandad, fecha que se considera en historiografía como el principio de la Edad Moderna. Nápoles, que poseía la corona del Reino de Jerusalén, estaba moralmente obligada a defender la cristiandad y no sólo a defenderse. La orden militar de San Juan de Jerusalén, que había fundado un caballero de Scala (ciudad perteneciente a la Repubblica Marinara de Amalfi, englobada más tarde en el reino de Nápoles), se había responsabilizado de esa defensa y cuidado: los reyes de Nápoles Roberto de Anjou y Sancha de Mallorca habían subvencionado la instalación de los franciscanos en Tierra Santa ya en el siglo XIV[11].

---

10   Vid. Civil / Gargano / Palumbo / Sánchez García (en prensa).
11   Aún hoy, en Jerusalén, la iglesia católica dentro de la Basílica del Santo Sepulcro es un espacio elegante y desnudo ornada sólo con el sagrario, un esquemático viacrucis en hierro y una reliquia de gran valor: la co-

Los reyes de España, a partir del momento en que incorporan el Reino de Nápoles a su Corona, se honran con el título de Rey de Jerusalén. Este título, a pesar de ser puramente honorífico (dado que la Tierra Santa estaba en manos islámicas desde antiguo, con el breve intervalo de la primera etapa del Reino Latino 1099-1187)[12] aparece casi siempre situado en los documentos oficiales entre los primeros (después de los de los reinos de Castilla y Aragón), lo que demuestra la importancia que los monarcas españoles le concedían.

Así por ejemplo, en los monumentos fúnebres que el mundo oficial napolitano dedicó a la muerte de Felipe II se insiste sobre el significado de este título. El historiador Caputi, al describir el mausoleo que se hizo en la catedral en honor del rey cita «l'arme di Hierusalem, che tiene per insegna una Croce di oro in campo d'argento», y añade: «Il titolo di quel Regno, benchè ora sia posseduto da Turchi, al Re di Spagna si dee, per lo Regno di Napoli»[13].

Nápoles es, pues, institucionalmente, una especie de punta de lanza contra el Islam; la monarquía católica de España se va apoyar en ella en el pulso que mantiene contra el imperio otomano desde finales del XV. En efecto, el primer choque de los españoles con el turco ocurre ya a finales del XV, cuando el Gran Capitán conduce a una selección de sus tercios para recuperar Cefalonia, isla veneciana invadida por el Gran Turco Bayacete. Los turcos son

---

lumna en donde, según la tradición, fue azotado Jesús. Esta austeridad grandiosa es rota únicamente por una obra de arte que se expone a los pies de la iglesia: se trata de un alto relieve en plata repujada de más de dos metros de altura en el que se representa la resurrección del Señor, regalo de Nápoles a los franciscanos de la custodia de Tierra Santa hacia finales del siglo XVII. La presencia de esa única obra de arte en la iglesia católica más sagrada y universal simboliza con fuerza el rol de Nápoles en la conservación de los santos lugares, su papel institucional y su empleo como punta de lanza de la cristiandad primero frente al Islam mameluco y después frente al turco.

12 Total duración del Reino Latino: 1099-1291, pero en buena parte de ese tiempo los cruzados dominan sólo algunas zonas de Tierra Santa.
13 Caputi di Cosenza (1599), 62-63.

rechazados por Gonzalo Fernández de Córdoba y la isla permanece, gracias a esta ayuda, en manos de venecianos[14].

Junto con Sicilia el *Regno* es, como vamos viendo, la frontera oriental del imperio español, su territorio está en primera línea frente al adversario otomano (Otranto, en el extremo sureste de la península, con sus mártires de finales del siglo XV y con el poder turco que domina la ciudad durante un corto período es el gran escándalo de la *Universitas Christiana*); esta función histórica va a tener acogida literaria y los textos del Renacimiento español van a dar testimonio de ello.

Dos ejemplos bastan para bosquejar este rol: en 1513 el anónimo que publicó en Valencia (por Diego Gumiel) la *Cuestión de amor*, en donde queda retratada idealmente la vida de la sociedad cortesana hispanonapolitana de los primeros años del virreinato, narra la preparación de un juego de cañas programado

> para el segundo día de Pascua que todas las damas ya a Virgilano [pseudónimo de Pozzuoli] serían venidas. De lo cual el señor cardenal fue tan contento que le ofreció tener él un puesto con la meitad de aquellos cavalleros, desta manera que los de su puesto saldrían a la estradiota vestidos como turcos con máscaras y rodelas turquescas, vestidos todos de las colores que su Señoría les daría, y que jugarían con alcanzías; e que Flamiano tuviesse el otro puesto a la gineta con los otros cavalleros....en el cual juego él con sus turcos llegaría como hombre que viene de fuera, y assí juntados ellos todos, començarían el otro juego contra los que con él viniessen...[15].

El juego de cañas, quizás de origen moro[16], era en España uno de los símbolos más fuertes del carácter fronterizo de la sociedad

---

14 Vid. Sánchez García (2005).
15 Anónimo (2006 [1513]), 203–204.
16 De opinión distinta es Covarrubias, *Tesoro*: «En España es muy usado

española pues mimaba el choque entre las dos civilizaciones (cristiana e islámica) que durante siglos había caracterizado la historia de Castilla y Aragón por un lado y de Al Andalus por otro. Este juego, en el que los caballeros se afrontaban con cañas en lugar de lanzas, transportaba en clave artística en la sociedad caballeresca la dureza del choque real: era una estilización de la guerra.

El juego de cañas fue introducido en Nápoles por los españoles, como muy bien documentó Benedetto Croce[17], pero lo que nos interesa ahora notar es la transposición napolitana que sustituye a los moros con turcos: la fiesta identifica inmediatamente el deslizamiento hacia el oriente osmánlico de la frontera con el Islam y el nuevo enemigo ya no es, como en España, el moro granadino[18], sino el turco. La sociedad cortesana hispanonapolitana lo propone como nuevo icono representativo del enemigo, del adversario en la fe y en la lucha por el dominio del Mediterráneo.

Este mito, que va a tener en España recaídas riquísimas, recogidas en la imponente obra de Albert Mas *Les turcs dans la littérature espagnole du siècle d'Or*[19], empieza precisamente en Nápoles, muestra significativa de la relación íntima entre historia y literatura.

---

el jugar las cañas, que es un género de pelea de hombres a caballo. Este llaman juego troyano, y se entiende averle traydo a Italia Julio Ascanio. Descrívele Virgilio, lib. 5, Aeneidos tan por extenso que no quita punto del juego de cañas nuestro. Primero desembaraçan la plaça de gente, hazen la entrada con sus quadrillas distintas, acometen, dan buelta, salen a ellos los contrarios; y pondré aquí unos pocos versos, los demás podrán ver en su lugar «Olli discurrere pares, atque agmina terni / Diductis solvere choris rursus vocati / Convertere vias, infestaque tela tulere, / Inde alios ineunt cursus, aliosque recursus / Adversis spatiis, aelternosque orbibus orbes / Impediunt, pugnaeque cient simulacra sub armis: / Et nunc terga fugae nudant, nunc spicula vertunt / Infensi, facta pariter nunc pate feruntur, etc»; Covarrubias (1987), 291.

17 Croce (1949), 165–167.
18 Vid. Carrasco Urgoiti (1989); Carrasco Urgoiti (1996).
19 Mas (1967).

Esa misma relación entre verdad y ficción la vamos a hallar en la obra maestra de la literatura erasmista española, ya en los últimos tiempos de la época del Emperador; me refiero al *Viaje de Turquía*, el famoso diálogo anónimo en el que los personajes Pedro de Urdemalas, Juan De Voto a Dios, y Mátalascallando charlan durante dos días en Burgos sobre las cuestiones que Pedro, de vuelta de un largo cautiverio entre los turcos, va poniendo en el tapete.

A Nápoles Pedro le dedica amplio espacio pues al principio de su epopeya el puerto partenopeo es la meta a donde se dirigían las galeras del rey en las que el héroe se ha embarcado, abordadas en las aguas de Ponza por los turcos; Nápoles es pues una meta negada al principio de la trayectoria de Pedro de Urdemalas. Su cautiverio en aguas de Ponza es una prueba tangible de que el territorio marítimo de ámbito napolitano no está bajo control como debiera y que los turcos campan por sus respetos en el mar Tirreno; cuatro años más tarde, a su vuelta del cautiverio en Constantinopla, tenemos la misma situación: Pedro retorna a Nápoles pasando por la inhóspita Messina; desde allí Urdemalas decide dirigirse a la capital por el camino de Calabria y evitando el viaje a través de un mar infestado de naves turcas:

> Y el capitán de mi nao determinó de venir a Nápoles con el trigo y otras tres naves de compañía, y como yo había de venir a Nápoles díxome que me venía bien haber allado quien me traxese çien leguas más sin desembarcarme. Yo se lo agradesçí mucho, y començaron a sacar las áncoras para nos partir. Pasó por junto a la nao un bergantín, y no sé qué se me antojó preguntarle de dónde venía. Respondió que de Nápoles. Díxele qué nueva había. Respondió que diez y nuebe fustas de turcos andaban por la costa[20].

---

20 Anónimo (2000 [1551]), 559–560.

El Tirreno meridional se pinta como un ámbito peligroso y lleno de enemigos y la ciudad aparece casi en estado de asedio a causa de la libertad con que se mueven las embarcaciones turcas. El valor simbólico fronterizo de la ciudad se confirma porque el héroe intenta resumir a sus amigos su estancia en Nápoles con esta frase lapidaria: «Ya yo estaba en livertad»[21]. Y ante la insistencia de Mátalas para que cuente con más detalle sus experiencias en la ciudad Pedro confiesa: «Hallé muchos amigos y señores en Nápoles, que me hizieron muchas merçedes, y allí descansé, aunque caí malo, siete meses; y no tenía poca neçesidad dello, según venía de fatigado»[22]. La secuencia del héroe en Nápoles está formada por la pareja verbal *descansé / caí malo*. El primer miembro está en oposición a toda la experiencia vital del cautiverio, que ha estado marcada por la necesidad, por el trabajo coacto, por la vigilancia continua. *Descansé* reenvía a aquel «Ya yo estaba en livertad» de poco antes. *Descansé* tiene por tanto una carga simbólica muy fuerte porque hace de Nápoles la patria prometida del héroe, tercera puerta del occidente cristiano y romano – después de Quíos y Messina, amiga pero débil la primera, perteneciente a la Corona Católica pero hostil la segunda –.

Nápoles es el lugar ideal para descansar porque asegura la presencia de «muchos amigos y señores»[23]. Es el «puerto de salvación» de la tradición cristiana, modulado a su vez sobre el ideal helenístico del «puerto seguro». Por otra parte el elogio de Nápoles empieza con esa otra frase lapidaria «hallé muchos amigos y señores en Nápoles» que ofrecen seguridad y bienestar al héroe[24] reforzando la función simbólica de la ciudad como puerto de salvación frente a la frontera móvil del mar.

Es hora de pasar a la otra metrópoli que nos ocupa, la ciudad de los nombres múltiples, Bizancio, Constantinopla, Estambul.

---

21 Anónimo (2000 [1551]), 567.
22 Anónimo (2000 [1551]), 561.
23 Anónimo (2000 [1551]), 568.
24 Vid. Sánchez García (1995), 375-384.

Capital imperial en los siglos del duro Medioevo y símbolo de riqueza, de poderío y de religiosidad para el hombre occidental, Constantinopla había nacido en el 330 d.C. fundada por el Emperador Constantino con el nombre de Nueva Roma en el Cuerno de Oro. Aunque construida sobre la Bizancio helénica (fundada en el siglo VI a.C.) podemos considerar Constantinopla una ciudad moderna, respecto a la antigüedad mítica de Nápoles. Nace además como una imagen refleja de la capital del imperio (Roma); la velocidad con que se la construye como nueva capital, la aproximación con que se reproducen los lugares diputados de Roma, *Caput mundi*, dejan signos visibles en la calidad de sus edificios y en el ser profundo de la ciudad. Esta naturaleza de «copia» y este carácter de «urgencia» va a constituir el sustrato de la que va a ser una de las dos cabezas del Imperio bifronte de Teodosio el Grande (que lo reparte a sus hijos en el 395). A partir de la caída del Imperio de Occidente esa identidad de gemela va a ir difuminándose. El cambio de equilibrio político da cuenta del cambio de identidad: cuando Justiniano (527–565) conquiste Italia, Constantinopla será ya oficialmente el centro único del Imperio Romano, la cabeza de un imperio griego que subsume parte de la antigua Roma. Este trasvase y su progresivo deterioro, su incesante achicamiento, va a constituir la historia apasionante del Imperio bizantino. La visión de los occidentales que viajaban hasta ella ya daba cuenta de esa naturaleza fronteriza que constituye el alma más íntima de la ciudad: «Constantinopolitana urbs, quae prius Bizantium, nova nunc dicitur Roma, inter ferocissimas gentes est constituta», nos dice Liutprando, obispo de Cremona[25]. Liutprando nombra a algunas de esas gentes para él salvajes: Húngaros, cázaros, rusos, búlgaros, armenios, persas, caldeos, habitantes de Egipto y de Babilonia. La lista delimita muy bien la frontera del imperio oriental con los mundos barbáricos. No cita Liutprando a los turcos que, progresivamente, y sobre todo a partir del siglo XIV, van a ejercer un empuje tan fuerte que reducirá el Imperio

---

25 Cit. en Minervini (1993), 50.

bizantino a la ciudad de Constantinopla y sus alrededores. Es por entonces que Constantinopla va a dejar progresivamente de ser centro para convertirse en un punto de la línea de frontera entre Occidente y el poder otomano. Su caída en 1453 representa una fractura histórica. El anónimo veneciano que escribió el *Planctus*[26] sintetizó lo que Constantinopla representaba para Occidente: una ciudad relicario, la más grande de la Cristiandad, cuya densidad de restos materiales de los Apóstoles y de objetos relacionados con el Salvador hacía empalidecer el prestigio de Santiago de Compostela, e incluso el de Roma (a pesar de que los cruzados y los venecianos habían ido trayéndose poco a poco muchos de aquellos restos, dando lugar a lo que Franco Cardini ha llamado «la translación de la sacralidad de Oriente a Occidente»[27]).

Nuestro anónimo titula a Constantinopla como cabeza de todas las ciudades, centro de las cuatro partes del mundo, avanzadilla hacia Occidente del paraíso terrestre. Ciudad llena de frutos gracias a esas presencias materiales de los cuerpos de los apóstoles, de los mártires, de los confesores. Todo lo espiritual se ha

---

26 Anónimo (1984), 846: «O cità, caput de tutte le citade, centro de le quatro parte del mundo! O cità, cità, gloria de tutti i Christiani et destructione de barbari! O cità, cità, altro paradiso piantato verso l'occidente, havente dentro varie piante con abbundantia de fructi spirituali! Dove è il tuo decoro? Dove è la tua valitudine tua benigna? Dove sono le tue gratie gratis date? Dove sono i corpi delli Apostoli del nostro Signore, li quali sono piantati in paradiso sempre virente, haventi appresso sé lu vestimento purpureo, la lancia, la spongia et la arundine; le quali noi basiando, ne pareva veder Christo in croce? Dove sono le reliquie delli confessori? Dove delli martiri? Dove sono le reliquie del magno Costantino? Dove li cadaveri di altri imperadori? Dove sono le strade, li cortili, li trivii, li campi, le macerie delle vigne, che tutte erano piene di rilequie di sancti? [...] Non semo degni alzar li occhi al cielo, ma col volto et li occhi bassi guardar sempre la terra, chiamando sempre: «Iusto, iusto sei tu Signore, et iusto è il tuo iuditio. Havemo peccato, havemo prevaricato, havemo facto iniustitia più che tutte le zente. Et tutte le cose che hai facto a noi, tu le hai facte con iustitia et con raxone. Nientedimeno, habbi de noi, Signor, misericordia».
27 Cardini (1991), 195. Cit. en Minervini (1993), 55.

perdido con la invasión y la ocupación otomana y con ello también los signos materiales del poder (los cuerpos de los emperadores, empezando por Constantino) y la tierra (los caminos, las calles, los patios, los campos, las viñas), la tierra cargada de reliquias ha sido profanada por los invasores.

Esta visión apocalíptica de la pérdida de Constantinopla está muy presente en la literatura española: Pero Mexía en su *Silva de varia lección* le dedica el capítulo XII, entre los más destacables de su miscelánea (uno de los libros de la literatura española que alcanzó más difusión, con más de 100 ediciones entre mediados del XVI y finales del XVII y con decenas de traducciones a las principales lenguas europeas)[28]. Ya en la *laude* con que inicia, Mexía señala la posición fronteriza de la ciudad aportando *auctoritates* que habían recogido esa característica:

El assiento y lugar desta ciudad en nuestra Europa, en la provincia de Tracia, que es fértil y grande y muy poderosa en armas. Está puesta en la costa norte de la mar, en el estrecho entre Asia y Europa, en la entrada del Ponto y mar Euxino, llamado el Mar Grande; por lo qual, Ovidio la llama «puerta de dos mares», por estar en estrecho[29].

Por el contrario, de esa posición el anónimo del *Viaje de Turquía* destaca su centralidad y, gracias a ella, su segura abundancia:

Pedro: [...] Constantinopla, que antes se llamaba Bizançio, tiene el mejor sitio de çibdad que el sol escalienta desde Oriente a Poniente, porque no puede padesçer neçesidad de bastimentos por vía ninguna, si en alguna parte del mundo los hai.
Juan: Esso me declarad, porque aunque tenga mar no haze al caso, que muchas otras çibdades están junto al mar y padesçen muchas neçesidades.

---

28   Mexía (1989). Los capítulos dedicados a Constantinopla son el XII (262-275), XIV y XV (292-327).
29   Mexía (1989), 263.

Pedro: Si tubiesen dos mares como ésta no podrían padesçer. La canal de mar tiene de largo desde el mar Eugino hasta Sexto y Abido, çinquenta y aun sesenta leguas. En la mesma canal está Constantinopla, çinco leguas más acá de la Mar Negra, que es el mar Euxino; de manera que a la mano izquierda tiene el mar Euxino, que tiene dozientas leguas de largo y más de quatroçientas de zerco; a la mano derecha está el Mar Mediterráneo [...]. O haze vientos para que vayan los nabios con bastimento, o no; si no haze ningún viento caminan las galeras y barcas y vergantines con los rremos a su plazer; si ubiere vientos, o son de las partes de Mediodia y Poniente, o de Setentrion y Oriente, porque no hai más vientos en el mundo; andando los primeros, caminan las naos y todos los nabios del Cairo y Alexandría, Suria, Chipre y Candía, y en fin todo el Mar Mediterráneo, desde el estrecho de Gibraltar allá. Si los vientos que corren son de la otra parte, son prósperos para venir de la Mar negra y ansí vereis venir la manada de nabíos de Trapisonda y toda aquella ribera hasta Capha y el río Tanais, que paresçe una armada.[30]

De ser vista como periferia de Occidente y microcosmos del cristianismo, Constantinopla pasa a ser para el genial anónimo centro del poder otomano, capital de un estado inmenso que va desde los confines con la Persia hasta Egipto y, hacia Occidente, hasta las puertas de Viena.

Y sin embargo ese centro del imperio va a producir una serie de lo que podemos llamar fronteras interiores: Pedro de Urdemalas nos cuenta, con detalles llenos de gracia, que en Pera (la ciudad situada en la colina enfrente del Palacio Real de Topkapi) viven griegos, genoveses, venecianos y los miles de esclavos españoles, italianos etc. caídos en manos de los turcos. Los judíos

---

30 Anónimo (2000 [1551]), 832–833. Sobre otras cuestiones relativas a la imagen de Constantinopla que esboza Pedro vid. Gómez-Montero (2008).

sefarditas expulsados de España viven en Estambul, son médicos del Gran Turco, comerciantes, financieros, son una frontera más del imperio español, como prueba el hecho de que hablan su lengua, el judeo español[31].

Centro del Imperio, Stambol admite y asimila a los que vienen de fuera: los jenízaros son en su mayoría niños cristianos crecidos en Estambul y educados para la milicia[32]; la esposa del Gran Turco Solimán es una extranjera, la famosísima Roxolana que, dicen las fuentes venecianas, francesas y españolas, tiene embrujado a Solimán el Kanuni[33].

Hay, pues, como en todas las grandes metrópolis de los imperios, una dialéctica viva con las periferias que absorbe las mejores energías de éstas para ponerlas al servicio del poder, lo que representa una absorción de la frontera, es decir su asimilación en la construcción del centro.

Ese modelo cultural, que está por encima de las respectivas visiones del mundo de los personajes, tiende a disolver fronteras, invitando o forzando a los elementos procedentes del otro lado de la «línea de demarcación» a asimilarse; consiente así resolver el conflicto que Braudel planteaba en su gran libro cuando señalaba cómo «atravesando la frontera el individuo padece una desorientación; ‹traiciona›, [es decir] abandona tras sí a *su* civilización»[34]. Pedro de Urdemalas resiste a esa traición negándose a renegar (como le propone su amo Sinán Bajá) y a la vez, en cierta forma, comete esa traición, pues se niega, cuando vuelve a España, a describir lo que ha dejado atrás siguiendo los perjudiciales esquemas

---

31   Anónimo (2000 [1551]), 360 y passim.
32   «Los Janíçaros dela guardia son hombres a pie y son doze mill todos christianos renegados: o hijos de christianos, Estos estan onde esta el gran turco: que jamas se apartan del: y hazen su guardia de noche continuamente por sus quarteles: como si estoviessen en la guerra» (Diaz Tanco de Fregenal (1547), 48).
33   Vid. Leclerc (1990), 27; vid. además Çagatay Uluçay (1971) y Peirce (1993).
34   Braudel (1986a), 814. La traducción es mía.

ideológicos de sus amigos españoles. Estos podrán comprobar, al reencontrarse con él tras la experiencia del cautiverio, que ya no es el mismo, que un cambio radical se ha efectuado: el héroe es ahora un ejemplo de humanismo cristiano renovado, capaz de entender la otredad – en este caso representada por los turcos, de explicarlos y de respetarlos.

El discurso literario de la España del Siglo de Oro señala ese riesgo de dejar tras sí la propia civilización con otros ejemplos ilustres ambientados en Estambul – Cervantes en *La gran Sultana* – y busca soluciones para evitar ese peligro; convierte el *limes* en un punto de referencia interno, lo incorpora a la conciencia de la propia civilización, a la que sirve como referencia del propio límite y, a la vez, como horizonte de la propia grandeza. Paradoja que recoge la reflexión sobre la lengua que Sebastián de Covarrubias realiza en el *Tesoro* (1611). El gran lexicógrafo no dedica una «entrada» a la voz *frontera* sino que la incluye en el campo semántico del vocablo FRENTE:

Frontera puede ser parte opuesta, como en la casa frontera; frontera la raya y término que parte dos reynos, por estar el uno frontero del otro. Frontero, lo mismo que de enfrente Frontispicio la delantera de la casa, y della lo más vistoso y espacioso, como lo es en la cara la frente; que con esta similitud llama italiano «fachata» a la delantera de la casa. Confrontarse dos personas es assimilarse en las condiciones por ser de una misma complexión y calidad; que el italiano dice «affrontare il sangue»[35].

El acento en esta definición taxonómica se pone en ese «estar enfrente» y, por lo tanto, obligados a mirarse. Pero además a ese «ser frontero» sigue la idea de confrontación entre dos personas, que para Covarrubias no es choque sino «assimilarse de las condiciones». Las condiciones para esa «assimilación» son físicas (complexión) y socio-espirituales (calidad), lo que equivale a declarar la posibilidad de una asimilación que, en teoría, es univer-

---

35 Covarrubias (1987), 608.

sal, y al mismo tiempo individual (la «confrontación» es siempre «entre dos personas»).

Es pues, una visión de la frontera nueva y original la que España elabora entre el siglo XV y el XVII, una visión rayana en la utopía, que concibe y moldea una «cultura sin fronteras» de la que han hablado los historiadores Vincent y Bennassar[36] una propuesta que conserva hoy día, en tiempos de globalización, toda su validez, pues hace depositarios a los individuos, y por lo tanto a cada persona, de un oxímoron: conservar la propia identidad y superar los límites de la propia cultura mediante el ejercicio del código virtuoso heredado de los clásicos y reelaborado como humanismo cristiano globalizador.

REFERENCIAS BIBLIOGRÁFICAS

Anónimo (2006 [1513]), *Cuestión de amor*, ed. F. Vigier, Paris.

Anónimo (2000 [1551]), *Viaje de Turquía*, ed. M.-S. Ortolá, Madrid.

Anónimo (1984), *Lamento sulla città caduta* (antigua traducción véneta de un Lamento de Ducas sobre la destrucción de Constantinopla), en: U. Albini / E. V. Maltese (eds.), *Bisanzio nella sua letteratura*, Milano, 846–850.

Anzaldúa, G. (1987), *Borderlands / La Frontera: The New Mestiza*, San Francisco.

Aversa, I. (2004), *Claudio Magris: la literatura en la frontera*, Ciudad Real.

Bennassar, B. / Vincent, B. (1999), *España. Los Siglos de Oro*, Barcelona.

Bhabha, H. (1990), *Identity, Community, Culture, Difference*, London.

Braudel, F. (1986a), *Civiltà e imperi del Mediterraneo nell'età di Filippo I*, Torino.

Braudel, F. (1986b), *Civiltà e imperi del Mediterraneo nell'età di Filippo II*, Torino.

Çagatay Uluçay, M. (1971), *Harem* II, Ankara.

---

[36] Vid. Bennassar / Vincent (1999), 218–260.

Caputi di Cosenza, O. (1599), *La Pompa funerale fatta in Napoli nell'essequie del Catholico Re Filippo II*, Napoli.

Cardini, F. (1991), «La devozione a Gerusalemme in Occidente e il ‹caso› sanvivaldino», en: *Gerusalemme d'Oro, di rame, di luce*, Milano, 154–204.

Carrasco Urgoiti, S. (1996), *El moro retador y el moro amigo (estudios sobre fiestas y comedias de moros y cristianos)*, Granada.

Carrasco Urgoiti, S. (1989), *El moro de Granada en la literatura*, ed. facsímil de la primera ed. con un estudio preliminar por J. Martínez Ruiz, Granada.

Civil, P. / Gargano, A. / Palumbo, M. / Sánchez García, E. (eds.) (en prensa), *Fra Italia e Spagna: Napoli incroccio di culture tra XV e XVII. Atti dei Congressi di Parigi (giugno 2005) e Napoli (marzo 2007)*, Napoli.

Covarrubias, S. de (1987), *Tesoro de la lengua castellana o española*, ed. M. de Riquer, Barcelona.

Croce, B. (1949), *La Spagna nella vita italiana durante la Rinascenza*, Bari.

Deleuze, G. (1980), *Mil Mesetas*, México.

Diaz Tanco de Fregenal, V. (1547), *Palinodia de los Turcos*, Orense.

García Canclini, N. (2001), *Culturas híbridas. Estrategias para entrar y salir de la modernidad*, México.

Gómez-Montero, J. (2008), «‹Mi romería va por otros nortes...›. De la *peregrinatio* al *itinerarium urbis* en el *Viaje de Turquía*», en: W. Nitsch / B. Teuber (eds.), *Zwischen dem Heiligen und dem Profanen. Religion, Mythologie, Weltlichkeit in der spanischen Literatur und Kultur der Frühen Neuzeit*, München, 171–187.

Guillén, C. (2007), *Múltiples moradas*, Barcelona.

Leclerc, A. (1990), «Roxelane (Hürrem Sultan)» en: M. Bernus Taylor et al. (eds.), *Soliman le Magnifique*, Paris.

Mas, A. (1967), *Les turcs dans la littérature espagnole du Siècle d'Or*, I–II. Paris.

Mexía, P. (1989), *Silva de varia lección*, ed. A. Castro, Madrid.

Minervini, L. (1993), Le città dell'Oriente immaginario», en: *Le città immaginarie*, Torino, 49–63.

Peirce, L. (1993), *The Imperial Harem. Women and Sovereignty in the Ottoman Empire*. New York / Oxford.

Pratt, M. L. (1992), *Imperial Eyes. Travel Writing and Transculturation*, New York.

Ratzel, F. (1899), *Anthropogeographie*, Stuttgart.

Ricœur, P. (1999), *Soi-même comme un autre*, Paris.

Sánchez García, E. (2005), «La imagen del Gran Capitán en la primera mitad del ‹Cinquecento›: textos latinos, españoles e italianos», en: J. Gómez-Montero / F. Gernert (eds.), *Nápoles-Roma 1504. Cultura y literatura española y portuguesa en Italia en el Quinto Centenario de la muerte de Isabel la Católica*, Salamanca, 139–162.

Sánchez García, E. (1995), «Lode di Napoli nel *Viaje de Turquía*», en: M. Palumbo / V. Placella (eds.), *Omaggio a prof. R. Sirri*, Napoli.

Zientara, B. (1979), «Frontiera», en: *Enciclopedia VI. Famiglia-Ideologia*, Torino.